O COMBATE AO CRIME GRAVE TRANSNACIONAL – BRANQUEAMENTO DE CAPITAIS – NA FIGURA DA PROCURADORIA EUROPEIA

DAIANA FAGUNDES DOS SANTOS CARBONI

FICHA TÉCNICA

CARBONI, Daiana Fagundes dos Santos. *O Combate ao Crime Grave Transnacional – Branqueamento de Capitais – na Figura da Procuradoria Europeia*. 1.ed. Coimbra: Independently Published, 2018.

ISBN: 9781980885122

Um mestre, à diferença de um professor, não está interessado em lhe dar o livro certo, pois sabe que esse livro não existe. Ele está interessado em mudar você, a pessoa, colocando-o de cabeça para baixo, mexendo com a totalidade de seu ser. As palavras unicamente são valiosas, quando você não conhece o valor do ser. O verdadeiro mestre é aquele que lhe coloca em situações de aprendizagem e não o que lhe indica um "bom" livro.

(WARAT, Luis Alberto)

Dedico este livro a todas as pessoas que, apesar das adversidades da vida, nunca deixam de acreditar no amanhã, fazendo do sofrimento um degrau para a felicidade, seja ela profissional e/ou pessoal.

JUSTIFICATIVA DO TEMA

A ideia de trazer a Procuradoria Europeia para combater o crime de Branqueamento de Capitais, o qual, no português do Brasil, é conhecido como lavagem de dinheiro, tem como intuito inspirar a existência de uma investigação a nível nacional (Brasil), sem que esbarre nas fronteiras da competência da jurisdição por região.

Quer-se, assim, com a presente pesquisa, a abertura de horizontes para que o combate a essa criminalidade seja alcançado, também, deste lado do hemisfério, a exemplo da União Europeia.

Com isso, impõe-se a reflexão do estudo do tema que, por certo, interessa não só a comunidade jurídica no âmbito do Direito Penal Internacional, mas toda a sociedade em razão das consequências do crime.

AGRADECIMENTOS

Os agradecimentos são tantos que este espaço é pequeno demais para expressar a minha gratidão por tantas coisas e, principalmente, pessoas. Por isso, vou manifestar o meu muito obrigada, sem muitas vezes citar nomes, mas todas as pessoas que me conhecem, ao estarem diante desta folha, saberão que estão incluídas neste espaço, o qual, agora, é o meu coração que fala.

Agradeço imensamente a Deus por ter concluído este ciclo na minha vida e pela oportunidade de ter realizado o meu Mestrado na encantadora e adorável Coimbra. Os momentos lá vividos foram ímpares, assim como os conhecimentos que abriram meus horizontes. Coimbra foi e é um divisor de águas, pois tenho a certeza de que me tornei um ser humano melhor, em todos os sentidos.

Agradeço a minha sábia orientadora, Doutora Anabela Miranda Rodrigues, pela gentil acolhida em todos os encontros e por despertar em mim o interesse pela União Europeia, em especial o Direito Penal Europeu, o qual até então era desconhecido na minha vida acadêmica, proporcionando a escrita destas humildes linhas sobre o Branqueamento de Capitais e a Procuradoria Europeia.

Agradeço à Universidade de Coimbra, na pessoa de seus funcionários, pela gentileza e atenção despendidas durante toda a minha estadia em Coimbra.

Agradeço aos meus colegas brasileiros e portugueses, os quais muitos se tornaram grandes amigos que levo para toda a vida, pelos momentos de estudo, pelas horas de lazer, pelas risadas e pela grande parceria no Continente Europeu, fazendo com que me sentisse acolhida como em uma família. Sem eles, a distância de casa teria se tornado insuportável.

Agradeço aos meus preciosos amigos do Brasil, os quais estiveram sempre em meu pensamento e, muitas vezes, presentes em minha casa, pelos meios virtuais, fazendo com que esta presença fosse real.

Por fim, não poderia deixar de agradecer àqueles que são o meu maior tesouro, a minha família.

Agradeço aos meus país, Rosa Maria e Djalmo Aléssio, pela pessoa que me tornei e por, sempre, acreditarem nos meus sonhos e por respeitarem a minha forma de ver o mundo. Ao meu irmão, Fábio, pelas conversas na madrugada em Coimbra, pelos meios virtuais, e pelo estímulo nos momentos de incertezas.

Por eles e pelas pessoas que realmente importam na minha vida, senti o que significa sentir saudades, pois o Oceano Atlântico nunca foi tão imenso como no período em que estive fora de casa.

Saudade... É o que estou sentindo agora ao terminar de concluir esta fase de minha vida, pois *momentos passam e saudade é o que fica.*

Muito obrigada a todos que contribuíram para que este momento fosse possível.

PREFÁCIO

Este livro é o resultado da dissertação de Mestrado realizada pela autora na Universidade de Coimbra, em Portugal. Seu formato impresso busca atingir significativo público interessado no tema. O trabalho de pesquisa aborda os principais tópicos da criminalidade organizada transnacional, traçando um breve, mas interessante, escorço histórico sobre as diversas iniciativas legislativas na busca de soluções conjuntas dos Estados-Membros europeus para minimizar as consequências do grave delito de "branqueamento de capitais" (lavagem de dinheiro) que desestabiliza a economia e desestrutura o mercado destes países, além de lesar os interesses financeiros da União Europeia.

Também são abordados nesta obra a conceituação do delito e o seu *modus operandi*, com ulterior análise da Procuradoria Europeia no espaço de liberdade, segurança e justiça, descrevendo sua evolução até o Tratado de Lisboa, cujo assunto consta pela primeira vez em um tratado.

Visto que este crime transcende as fronteiras dos Estados-Membros da União Europeia, a Procuradoria Europeia revela-se instrumento eficaz para o cumprimento da relevante missão de perseguir e combater efetivamente este crime de repercussão transnacional em todo o território europeu, conciliando as necessidades de proteção à economia e ao mercado de cada Estado-Membro e os interesses financeiros comuns a todos, respeitada a independência e soberania essencial de cada País.

Depois de diversas tentativas e projetos no âmbito da União Europeia (*Corpus Iuris*, Livro Verde, etc.), a Procuradoria Europeia afigura-se meio para barrar a expansão deste silencioso crime financeiro, pois, com as crescentes facilidades da interação virtual (lavagem via *Internet*), os limites territoriais tornam-se cada vez menos relevantes.

O mundo precisa avançar na construção de soluções coletivas e/ou cooperativas para enfrentar, de forma organizada, problemas e crimes que são comuns a todos, para superar a organização da criminalidade transnacional, em que se insere o crime alvo do presente estudo: o branqueamento de capitais.

Espero que essa compilação sirva de reflexão e estímulo para fomentar outras ideias e iniciativas similares, e desejo-lhe uma proveitosa leitura.

Ana Carla Deczka Morsch*

*Bacharel em Direito pela Universidade do Vale do Rio dos Sinos de São Leopoldo/RS (UNISINOS). Bacharel em Administração de Empresas pela Universidade de Passo Fundo/RS (UPF). Habilitada, em 2004, no exame da Ordem dos Advogados do Brasil – Seccional Rio Grande do Sul (OAB/RS). Assessora Superior da Assessoria Jurídica da Subprocuradoria-Geral de Justiça para Assuntos Administrativos no Ministério Público do Estado do Rio Grande do Sul. Pós-Graduada no LLM em Direito Empresarial pela Fundação Getúlio Vargas/FGV RIO (Unidade Porto Alegre/RS).

APRESENTAÇÃO

A presente pesquisa analisa o Tratado de Lisboa no que diz respeito à criação de uma Procuradoria Europeia com competência para perseguir e combater a criminalidade grave transnacional no território europeu. Enfrenta-se o Branqueamento de Capitais, dentro dos crimes de natureza transnacional, uma vez que é um delito que desestabiliza a economia de um país e desestrutura o mercado, assim como lesa, indiretamente, os interesses financeiros da União Europeia. Brevemente, é apresentada a criminalidade organizada transnacional, com os tópicos mais importantes sobre o tema. Descreve-se, também, o crime de Branqueamento de Capitais com a conceituação do delito e o modo de operação. Posteriormente, é feita a análise da Procuradoria Europeia no espaço de liberdade, segurança e justiça, trazendo a sua evolução até o Tratado de Lisboa. O termo Procuradoria Europeia é um assunto novo em matéria de tratado e pela primeira vez é citado no Tratado de Lisboa, porquanto, até então, se falava num Procurador Europeu, havendo, apenas, projetos de instituição na União Europeia, de acordo com o *Corpus Iuris* e o Livro Verde. Menciona-se que, inicialmente, a competência da Procuradoria Europeia seria para proteger os interesses financeiros da União. Mas, com o avanço da criminalidade, a qual ultrapassa com facilidade as fronteiras dos Estados-Membros, faz com que a impunidade circule livremente no espaço europeu, motivo pelo qual se pensa em estender a competência da Procuradoria Europeia para atuar no combate à criminalidade grave transnacional.

LISTA DE ABREVIATURAS E SIGLAS

CE – COMUNIDADE EUROPEIA

CEE – COMUNIDADE ECONÔMICA EUROPEIA

CEEA – COMUNIDADE EUROPEIA DA ENERGIA ATÔ-
MICA

CICAD - COMISSÃO INTERAMERICANA DE CONTROLE
DE ABUSO DE DROGAS *(CONCISE INTERNATIONAL
CHEMICAL ASSESSMENT DOCUMENTS)*

CPP – CÓDIGO PENAL PORTUGUÊS

EUROJUST – UNIDADE EUROPEIA DE COOPERAÇÃO
JUDICIÁRIA

FMI – FUNDO MONETÁRIO INTERNACIONAL

IVA – IMPOSTO SOBRE O VALOR ACRESCENTADO

JAI – JUSTIÇA E ASSUNTOS INTERNOS

JO – JORNAL OFICIAL

OLAF – ORGANISMO INTERNACIONAL ANTIFRAUDE

ONU – ORGANIZAÇÃO DAS NAÇÕES UNIDAS

PE – PROCURADORIA EUROPEIA

PNB – PRODUTO NACIONAL BRUTO

PIB – PRODUTO INTERNO BRUTO

PIF – PROTEÇÃO DOS INTERESSES FINANCEIROS

RNB – RENDIMENTO NACIONAL BRUTO

RTP2 – RÁDIO E TELEVISÃO DE PORTUGAL 2

TCE – TRATADO QUE INSTITUI A COMUNIDADE EURO-
PEIA

TFUE – TRATADO DE FUNCIONAMENTO DA UNIÃO EU-
ROPEIA

TUE – TRATADO DA UNIÃO EUROPEIA

UCLAF – UNIDADE DE COORDENAÇÃO DA LUTA ANTI-
FRAUDE

UE – UNIÃO EUROPEIA

SUMÁRIO

1. INTRODUÇÃO

Vivendo a atualidade sob os efeitos da globalização, a qual trouxe inúmeros benefícios aos cidadãos, bem como propiciou o aparecimento de novos crimes, urge a necessidade de uma maior repressão para garantir a segurança dos indivíduos.

Na União Europeia, a globalização aliada à supressão de fronteiras para o mercado comum e para as pessoas, contribuiu para que o crime obtivesse caráter transnacional, facilitando, assim, a sua impunidade ante à dificuldade de os Estados-Membros, sozinhos, combaterem a criminalidade que se apresenta.

Então, sabendo-se que o crime transnacional, em especial o Branqueamento de Capitais, não pode ser perseguido e combatido com eficácia, isoladamente, pelos Estados-Membros, já que caminha livremente através das fronteiras, o presente estudo traz a Procuradoria Europeia instituída no Tratado de Lisboa para agir no território europeu.

A presente pesquisa[1] divide-se em três capítulos. No capítulo inicial, são apresentados aspectos relevantes do espaço de liberdade, segurança e justiça, antes e agora no

---

[1] O texto observa a ortografia da Língua Portuguesa no Brasil, em consonância com o Acordo Ortográfico da Língua Portuguesa, assinado em Lisboa, em 16 de Dezembro de 1990, e promulgado no Brasil através do Decreto n. 6.583, de 23 de Setembro de 2008; e a norma técnica ABNT NBR 7503:2012, elaborada pela Associação Brasileira de Normas Técnicas (ABNT), representante oficial no Brasil da *International Organization for Standardization* (ISO).

Tratado de Lisboa. Outrossim, a proposta do *Corpus Iuris* para a implantação de um Direito Penal Europeu, assim como a ideia de um Procurador Europeu (Procuradoria Europeia) para combater eficazmente os crimes que lesam os interesses financeiros da União e o crime grave transfronteiriço.

Ainda, são definidas algumas linhas sobre a questão da proteção dos interesses da União Europeia, porquanto a Procuradoria Europeia foi criada com a finalidade de combater os crimes financeiros, sendo o combate à criminalidade transnacional uma extensão da sua competência.

Embora já se tenha mencionado que sozinhos os Estados-Membros não podem conter a criminalidade, a luta contra a fraude incumbe aos Estados-Membros, os quais devem mover esforços para conter a propagação do crime. Neste capítulo, mencionam-se, também, as alterações estabelecidas no novo tratado, em relação ao anterior, no que toca aos interesses financeiros.

Seguindo, no capítulo dois, a criminalidade grave transnacional é apresentada, com breves noções envolvendo conceitos e legislação para reprimir o crime transnacional de natureza grave. Dentro da conceituação de crime transfronteiriço, escolhe-se o Branqueamento de Capitais, o qual, além de ser um crime grave transnacional, é também um delito que lesa, mesmo que de forma indireta, os interesses financeiros da União, pois causa a disrupção do mercado, desestabilizando a economia nos países onde é perpetrado e se propaga.

Nessa linha, explica-se o que vem a ser o Branqueamento de Capitais, trazendo-se conceitos do delito, bem como o modo de efetivação deste e a lesividade causada.

Por fim, no terceiro e último capítulo, fala-se sobre o Tratado de Lisboa e a Procuradoria Europeia nele instituída, apresentando-se a competência material e processual.

Considerando a escolha do crime transnacional – Branqueamento de Capitais – a ser combatido pela Procuradoria Europeia, algumas linhas sobre a necessidade deste órgão e a sua atuação no espaço penal europeu, com apoio do

Organismo Internancional Antifraude (OLAF) e da Unidade Europeia de Cooperação Judiciária (*Eurojust*), são traçadas.

A questão da harmonização ou da cooperação judiciária em matéria penal são mencionadas e a forma como o Branqueamento de Capitais pode ser perseguido e combatido no seio da União Europeia, assim como a prevenção deste delito dentro do espaço de liberdade, segurança e justiça proposto no Tratado de Lisboa.

Com essas exposições introdutórias e cotejando-se as considerações finais que retratam a pesquisa, espera-se que ela seja útil para a comunidade jurídica, sem, contudo, pretender esgotar a temática que envolve a matéria posta em discussão.

2. A INSTITUIÇÃO DE UMA PROCURADORIA EUROPEIA

2.1 BREVES COMENTÁRIOS ACERCA DO ESPAÇO DE LIBERDADE, SEGURANÇA E JUSTIÇA

Antes de adentrar no tema da presente pesquisa, faz-se necessário tecer algumas considerações sobre o espaço de liberdade, segurança e justiça.

Diante da propagação do crime no território europeu, a participação de todos os Estados-Membros na prevenção e no combate ao crime ultrapassam os interesses individuais, sobrepondo-se ao interesse internacional em prol do povo europeu. A autora Anabela Rodrigues, orientadora do presente estudo, justifica que "depois da criação de um grande mercado europeu, a criminalidade já não se pode ser tratada exclusivamente num âmbito nacional"[2].

Nessa linha, a luta contra a criminalidade organizada tem sido uma prioridade na União Europeia, desde a sua constituição, pois representa uma ameaça "individual (a segurança é também a promoção de um meio onde os cidadãos não têm medo), nacional (desestabiliza as políticas públicas, pois tais grupos não respeitam a lei) e internacional"[3].

---

[2] RODRIGUES (2000, p. 19).
[3] CABRAL (2007, p.18).

Embora existam posições defendendo que o *ius puni-endi* do Estado é indeclinável, irrenunciável e incompartilhável com qualquer outro poder extranacional[4], bem como que Direito Penal e Europa são realidades antinômicas[5], frente à globalização e ao papel que hoje assume a criminalidade – transnacional –, há a necessidade de uma resposta, seja com um Direito Penal Europeu ou com a harmonização e/ou cooperação judiciária penal. É assim porque há o problema da autonomia jurídico penal nacional e as normas internas de cada Estado-Membro colidem com as normas europeias, já que inexiste um *ius puniendi* europeu[6].

O Direito Penal nacional traduz-se num dos últimos redutos da memória de cada Estado e o *ius puniendi* reflete as diferenças socioculturais dos Estados[7]. O termo Direito Penal Europeu pode ser compreendido em um sentido amplo, o que abrange tanto o Direito Penal supranacional da União Europeia e do Conselho da Europa, assim como o Direito Penal nacional europeizado sob a determinação mais ampla do que o direito criminal do direito sancionatório[8].

Complementa o autor Ulrich Sieber que os objetivos do Direito Penal Europeu correspondem às tarefas clássicas do Direito Penal de proteção ou garantia da segurança e da liberdade[9].

E, como assevera o autor Cancio Meliá[10], os delitos relacionados com as associações ilícitas, em especial, as infrações que pertencem a uma organização terrorista estão, hoje, em um momento de franca expansão na Europa, "já não sendo mais possível combatê-la eficazmente através do clássico direito penal, territorialmente limitado, num crescente espaço europeu económico e jurídico".

---

4 OLIVARES (1998, p. 52).
5 DELMAS-MARTY (1997, p.61).
6 MONTE (2003, p. 706).
7 MONTE (2003, p. 693).
8 SIEBER (2009, p. 462).
9 SIEBER (2009, p. 463).
10 MELIÁ (2007, p. 150).

A evolução tem lugar a um marco geral em que uma legislação puramente, a qual não tem condições de responder prontamente ao crime e aos impulsos punitivos se potencializam mutuamente com maior intensidade, desembocando em uma expansão quantitativa e qualitativa do Direito Penal. Em razão desta expansão da criminalidade organizada e, sobretudo pela violência e os sofisticados meios empregados para a realização dos delitos, houve uma crescente preocupação da sociedade, o que, então, refletiu em novas medidas de prevenção e de repressão para a delinquência organizada[11].

O crime internacionalizou-se devido à ausência física das barreiras entre os Estados, o que cede lugar a uma sociedade globalizada, ocorrendo o fenômeno da integração supranacional[12], tendo o Direito Penal como tarefa precípua e específica a perseguição efetiva da criminalidade europeia transnacional[13].

Sustenta o autor Albrecht[14] que as leis penais não servem somente para os fins instrumentais da efetiva persecução penal, mas devem fortalecer os valores e as normas sociais. Os interesses abstratos do próprio Estado se encontram nos caminhos da atividade legislativa, assim como as reformas de criminalização são apreciadas em todos os campos políticos como meio de reafirmação simbólica de valores. Surgem a todo o momento novas normas penais, as quais se colocam a caminho legislativo ou publicitário, fazendo com que o uso político do Direito Penal seja um instrumento de comunicação[15].

Os Estados-Membros entendem que precisam ter uma reação à criminalidade que se apresenta, hoje, globalizada, já que, sozinhos, não podem conter o crime. Assim, ceder uma fatia da soberania nacional não parece a melhor solução, pois os Estados-Membros apresentam resistência nesta cessão, sob pena de desconstituí-la desintegrando o seu propósito, já que esta se traduz na identidade de seu povo.

---

[11] ROBLES (2003, p. 155).
[12] MONTE (2003, p. 690).
[13] SIEBER (2009, p. 464).
[14] ALBRECHT (2000, p. 478).
[15] ALBRECHT (2000, p. 478).

O direito de punir constitui marca visível da soberania nacional, oportunidade em que o Direito Penal assume-se como expressão dos valores e da cultura jurídica de um povo, assim como o Direito Processual Penal, o qual está ligado ao direito constitucional, desempenhando uma importante função de garantia dos direitos dos cidadãos[16].

Frente a isso, não sendo possível a unificação do Direito Penal, é com a harmonização legislativa e a cooperação (judiciária e policial) que o crime organizado transnacional pode ser contido, pois inexiste um Direito Penal comum (europeu) e há uma criminalidade desenvolvendo-se dentro do espaço europeu.

O futuro do Direito penal na União europeia passa inevitavelmente pelo futuro desta e, quanto mais crescer a União Europeia, em detrimento da perda de soberania de cada Estado, mais necessidade haverá de se estabelecer um corpo de normas que sancione as atividades violadoras de normas[17].

A cooperação internacional em matéria penal, em especial pela via da harmonização/aproximação da legislação penal interna com o objetivo de valorizar o espaço penal europeu, é um dos mecanismos de luta contra a criminalidade internacional, o que corresponde não somente aos aspectos judiciais e policiais, mas, também, no desenvolvimento de iniciativas normativas substanciais e processuais para isso.

Destaca-se que a harmonização supranacional se encontra imbricada em duas posições, que são aparentemente antagônicas, porquanto, de um lado, há a afirmação em geral de que o Direito Penal, enquanto ciência tem acima de tudo um caráter supranacional e universal; e por outro lado, a clara e inultrapassável existência de distintos ordenamentos jurídico-penais, nacionais, diferentes, ainda que em alguns aspectos semelhantes, com tendência, apesar de tudo, para esta semelhança se reforçar[18].

---

[16] CAEIRO (1996, p. 200).
[17] MONTE (2003, p. 726).
[18] MONTE (2003, p. 710).

Qualquer tentativa de harmonização (e de unificação) do Direito Penal deve ser orientada por finalidades político-criminais, porquanto deve obedecer mais do que a elas do que por razões dogmáticas, sobretudo quando nestas estejam em causa apenas estruturas lógico-objetivas[19].

A cooperação judiciária em matéria penal assenta-se em dois princípios: Princípio do Reconhecimento Mútuo e Princípio da Harmonização/Aproximação da legislação penal interna, os quais serão analisados no terceiro capítulo.

Quanto ao crime proposto no estudo – Branqueamento de Capitais -, além de ser um crime organizado grave e transnacional, tem sido alvo de grande repercussão, em especial na Europa, uma vez que se constitui, indiretamente, em fraude contra os interesses financeiros da União Europeia.

Em razão da necessidade de combater esse crime, assim como o delito organizado de natureza grave e proteger o espaço penal europeu, no artigo 29 do Tratado de Amsterdam (firmado em 02.10.1997), restou consignado um alto grau de segurança dentro de um espaço de liberdade, segurança e justiça, elaborando uma ação comum entre os Estados-Membros nos âmbitos de cooperação policial e judicial em matéria penal[20].

Com a proposta de criação de um espaço de liberdade, segurança e justiça, apresentada pela Comissão em 1996, pôs-se fim ao período de latência sobre a questão da segurança. O Tratado de Amsterdam trouxe a visualização da inauguração de um novo espaço de liberdade, segurança e justiça, os quais representam um trio de forte simbolismo e de caráter emblemático, porquanto a cooperação e a harmonização apresentam-se como via para alcançar a prevenção e o combate à criminalidade que surge como desígnio comum dos Estados-Membros[21].

---

[19] MONTE (2003, p. 711).

[20] Consoante salienta BARBOSA (2008, p. 74), não se pode deixar de informar que no Conselho de Tampere, de Outubro de 1999, estabeleceram-se as bases para a formação de um espaço de liberdade, segurança e justiça no espaço da União Europeia, tendo como finalidade a abordagem de aspectos da cooperação judicial e a luta contra a delinquência.

[21] SOUSA (2001, p. 882).

E, o Plano de Ação de Viena definiu a forma de aplicar as disposições do Tratado de Amsterdam relativas à criação de um espaço de liberdade, segurança e justiça. Diz-se que foi o Conselho de Tampere que culminou em um processo de construção do espaço de liberdade, segurança e justiça[22]. Ainda, o Tratado de Amsterdam "foi a confirmação de que a construção europeia entrou numa nova fase depois do Tratado de Maastricht, bem como tornou visível a importância concedida às questões policial e judiciária do grande mercado interno"[23].

Destaca-se que, até o Tratado de Maastricht, a cooperação judiciária dentro do espaço europeu guiava-se pelos instrumentos do Conselho da Europa e, com o Tratado, a cooperação judiciária foi considerada uma "questão de interesse comum"[24]. Nessa linha, não se tem dúvida de que a União Europeia não se limita ao mercado comum, pois liberdade, segurança e justiça se tornaram palavras-chave[25].

A noção de espaço[26] de liberdade, segurança e justiça "traduz o laço estabelecido entre a livre circulação das pessoas e as medidas adequadas a assegurá-la, designadamente em matéria de prevenção e combate à criminalidade"[27]. Simbolicamente, o espaço representa uma "desterritorialização" da justiça penal, por meio da substituição parcial das várias soberanias cooperantes pelo exercício em comum de algumas das competências que lhe são inerentes[28].

Posteriormente, com o Tratado de Nice (2001), o qual modificou o Tratado da União Europeia, os Tratados Constitutivos das Comunidades Europeias e determinados atos conexos, assinalou o mecanismo de cooperação forçada, a criação da Unidade Judicial de Cooperação Judicial – *Eurojust,* entre outros.

---

[22] RODRIGUES (2002, p. 91).
[23] RODRIGUES (2008, p. 50).
[24] CAEIRO (2009, pp.70/71).
[25] RODRIGUES (2008, p.50).
[26] Segundo RODRIGUES (2008, pp. 51/52), a palavra espaço traduz-se no eco do espaço sem fronteiras internas, as quais representam o mercado comum. Assegura-se neste espaço, sem fronteiras, a livre circulação das pessoas.
[27] RODRIGUES (2002, p. 06).
[28] CAEIRO (2009, p. 73).

Não é demais lembrar que, em matéria de harmonização das legislações penais, existia a proposta do *Corpus Iuris* para a introdução de normas penais com a finalidade de tutelar os interesses financeiros da União Europeia, a qual, em caso de aprovação, seria a primeira norma penal comunitária de aplicação direta[29].

O Tratado que estabelece uma Constituição Europeia, firmado em Roma (2004), que não foi ratificado por todos os Estados-Membros, reafirmava o objetivo do espaço de liberdade, segurança e justiça.

Com o intuito de satisfazer os anseios da União Europeia, era necessário encontrar meios coerentes para combater a atuação desenfreada da criminalidade grave que atinge a União Europeia. Nessa linha, sendo os princípios constantes nos Tratados e os instrumentos de cooperação, os quais não são capazes, por si só, de combater com eficácia a criminalidade organizada transnacional, em especial o crime de Branqueamento de Capitais (que afeta os Estados-Membros e a União Europeia - esta como entidade dotada de supranacionalidade), o povo europeu busca meios efetivos contra o crime organizado e repressão da violência.

Nisso, dispõe o artigo 3º, n. 02, do Tratado da União Europeia sobre o espaço de liberdade, segurança e justiça:

> A União proporciona aos seus cidadãos um espaço de liberdade, segurança e justiça sem fronteiras internas, em que seja assegurada a livre circulação de pessoas, em conjugação com medidas adequadas em matéria de controlos na fronteira externa, de asilo e imigração, bem como de prevenção da criminalidade e combate a este fenómeno.

---

[29] BARBOSA (2008, p. 74).

De efeito, com a entrada em vigor do Tratado de Lisboa, a construção em pilares é abolida, desaparecendo o terceiro pilar intergovernamental, o que significa dizer que tudo está sujeito ao mesmo procedimento decisório, conduzindo a um objeto de simplificação. Assim, há uma integração comunitária entre a cooperação policial e a judiciária em matéria penal, ocorrendo a generalização do processo legislativo ordinário e a votação por maioria qualificada no Conselho.

Explica a autora Anabela Miranda Rodrigues[30] que devido à supressão dos pilares, as regras e os procedimentos comunitários da matéria penal ficarão submetidos aos instrumentos e aos procedimentos legislativos, assim como os atos legislativos serão adotados por maioria qualificada, bem como submetidos ao processo de codecisão com o Parlamento Europeu.

O capítulo do Tratado de Funcionamento da União Europeia, aditado pelo Tratado de Lisboa, é dedicado à cooperação judiciária em matéria penal[31].

Com a finalidade de facilitar o reconhecimento mútuo das sentenças e a cooperação policial e judiciária nas matérias penais com dimensão transnacional, o Parlamento Europeu e o Conselho podem estabelecer regras mínimas, por meio de Diretivas (e não mais Decisões-Quadro). Destaca-se que, tanto no reconhecimento mútuo das sentenças e das decisões e a cooperação judicial em matéria penal, quanto nos domínios da criminalidade grave transnacional e na aproximação de disposições legislativas e nos regulamentos dos Estados-Membros em matéria penal, havendo um projeto de Diretiva que venha a prejudicar direitos fundamentais do seu sistema de justiça penal, podem solicitar que este projeto seja submetido ao Conselho Europeu.

---

[30] RODRIGUES (2008, p. 18).

[31] A cooperação judiciária em matéria penal assenta-se no Princípio do Reconhecimento Mútuo das sentenças e das decisões judiciais, bem como inclui a aproximação das disposições legislativas e dos regulamentos dos Estados-Membros nos domínios do Tratado.

Já no domínio do Direito Penal material e do Direito Processual Penal, a aproximação legislativa ocorre por meio de processo legislativo ordinário, sendo afastada a regra da unanimidade que antes vigorava. Verifica-se que a unanimidade é utilizada em algumas situações, como por exemplo, na criação da Procuradoria Europeia.

Por fim, é o artigo 86 do TFUE, aditado pelo Tratado de Lisboa que nos interessa, uma vez que a proteção dos interesses financeiros da União Europeia concretiza-se com a criação da Procuradoria Europeia que visa combater o crime transnacional que tem como intuito lesar a União e os seus interesses individuais. Igualmente, neste artigo, no número 4, o crime grave transfronteiriço também terá combate por meio da Procuradoria Europeia.

O artigo 86 do TFUE merece atenção especial e logo será analisado em tópico próprio.

2.2 O DIREITO PENAL EUROPEU NA VISÃO DO *CORPUS IURIS*

Com a ideia de unificar o Direito Penal Europeu, em 1971, o Conselho da Europa examinou a possibilidade de elaborar um Código Penal Europeu. Porém não obteve êxito, uma vez que não se via vantagens na harmonização das normas penais[32]. Em 1996, novamente o Conselho voltou a esta ideia, designando uma comissão para elaborar um Código Penal Europeu, também sem êxito.

Posteriormente, vislumbrando os processos de harmonização e a insuficiência dos meios de cooperação judicial e policial para lidar com a fraude orçamentaria comunitária, no âmbito transnacional, nasceu um documento que visava à supressão das fronteiras jurídicas, dando lugar a um espaço penal europeu unificado, chamando de *Corpus Iuris.*

---

[32] SIEBER (1999, p. 03).

O *Corpus Iuris* foi criado, a partir de uma solicitação da Comissão Europeia, especificamente a Direção Geral de Controle Financeiro e do Parlamento Europeu, por um grupo de juristas, sob a direção de Delmas-Marty, compreendendo regras penais e processuais para a proteção dos interesses financeiros da União Europeia.

Na Resolução de 12 de Junho (JO C 200, de 30/06/1997) e de 22 de Outubro de 1997, o Parlamento Europeu solicitou à Comissão que levasse a cabo um estudo sobre a viabilidade do *Corpus Iuris*, sendo desenvolvido um estudo *follow-up* (*suivi du Corpus Iuris*) com a direção de Delmas-Marty e de J.A.E. Vervaele[33].

O projeto do *Corpus Iuris* compreendeu uma terceira fase ou uma terceira geração no que diz respeito ao processo de unificação, incluindo ainda, uma proposta de unificação de Direito Penal substantivo e processual[34].

É *mister* informar que antes desta terceira fase (ou terceira geração), decorreram duas fases. Uma; na existência de modelos primários ou primitivos com vista a certa harmonização do direito comunitário, e a segunda, na implementação de tratados com a finalidade de aprofundar a harmonização[35].

Esses mecanismos podem se caracterizar pela remissão, a qual foi um instrumento utilizado com o objetivo de certa harmonização. Mecanismo (aquele) na maior parte das vezes implícito, remetendo as normas penais nacionais para as normas comunitárias; a assimilação que permite estender a tutela a bens jurídicos não nacionais daquilo que inicialmente é objeto de tutela nacional; e a harmonização que é uma técnica que visa a aproximação de regras nacionais diversas, tendo o denominador comum os interesses da União[36].

As disposições contidas no *Corpus Iuris* inspiraram-se em instrumentos adotados no âmbito da cooperação intergovernamental e do direito comunitário, além de outras novas disposições, que estabeleceram uma ampla unificação de todos

---

[33] Em razão do estudo *follow-up*, o *Corpus Iuris* foi discutido e modificado, passando a constar uma versão mais aperfeiçoada que foi denominada de *Corpus Iuris* 2000.
[34] MONTE (2009, p.71).
[35] MACHADO (2004, p. 71).
[36] MONTE (2003, pp. 718/720).

os elementos, das partes geral e especial, necessária à repressão penal das fraudes do orçamento comunitário. No entanto, o *Corpus Iuris* não respondeu às exigências de unificação do Direito Penal Europeu, porquanto dependia da vontade dos Estados-Membros em querer, ou seja, abdicarem o seu *ius puniendi.*

Considerou-se o *Corpus Iuris* a codificação de uma dogmática existente, tanto na parte geral como na especial, sendo, também, uma tentativa de unificar de uma forma teórica e interpretativa o Direito Penal na Europa (nas versões de 1997 e de Florença).

O texto do *Corpus Iuris,* de natureza acadêmica, possui o mérito de ser, no contexto de uma reflexão sobre a competência penal da União Europeia, um ponto de partida de vanguarda para uma evolução em direção à harmonização/unificação do Direito Penal e Processual Penal Europeu, o que atrai a atenção de juristas e de políticos europeus[37].

Delmas-Marty afirmou que o *Corpus Iuris* foi apenas um conjunto de 35 artigos envolvendo a matéria de Direito Penal e de Processo Penal com princípios norteadores de filosofia e opção dos especialistas que compreendem um grupo de juristas provenientes da Europa, sem a pretensão de ser um código[38]. Nestes 35 artigos, tem-se que são 17 de direito substantivo e 17 de direito adjetivo. E, no que pertine ao conteúdo substancial, especificou crimes em espécie, *v.g.* fraude ao orçamento comunitário e Branqueamento de Capitais. Por fim, as demais previsões, referiam-se às sanções penais; aos elementos subjetivos do tipo penal; as disposições sobre erro e os elementos constitutivos dos crimes; e a responsabilidade criminal de pessoa física e jurídica.

As disposições que decorreram do Direito Penal organizaram-se em torno de três princípios. De acordo com o Princípio da Legalidade dos Crimes e das Penas, o *Corpus Iuris* definiu oito tipos penais, estando entre eles as fraudes, os crimes fiscais, a corrupção, o abuso de função, o Branqueamento de

---

[37] MACHADO (2004, p. 71).
[38] DELMAS-MARTY (1999, p. 233).

Capitais e a formação de quadrilha ou bando (artigos 1 a 8 – *Corpus Iuris*).

Indicou, ainda, as penas aplicáveis a título principal – privativa de liberdade, até cinco anos e ou multa, para as pessoas físicas, e vigilância judicial pelo mesmo período e ou multa para as pessoas físicas, bem como o confisco (e outras a título acessório, de acordo com o crime - *v.g.* a proibição de receber subvenções e de exercer função pública nacional e comunitária - artigo 14 do *Corpus Iuris*).

Posteriormente, do *Corpus Iuris* extraiu-se do Princípio da Culpabilidade uma série de regras sobre o elemento subjetivo, que correspondem ao erro e a responsabilidade penal individual do chefe da empresa e das pessoas jurídicas (artigos 10 a 13 do *Corpus Iuris*)[39].

E, por fim, aplicando o Princípio da Proporcionalidade das Penas, foram definidas regras relativas à extensão da pena, às circunstâncias agravantes, à pena aplicável em caso de acúmulo de infrações e o dever jurisdicional de motivar a pena aplicada (artigos 15 a 17 do *Corpus Iuris*)[40].

Igualmente, no que diz respeito às disposições relativas ao Direito Processual Penal, estas estão fundadas no Princípio da Territorialidade Europeia, no qual se estende a competência dos juízes e dos promotores nacionais que passarão a ser competentes para perseguir e julgar os crimes listados no *Corpus Iuris*, perpetrados em todo o território comunitário por seus cidadãos e nacionais de terceiros países[41]. O projeto do *Corpus Iuris* (artigo 35) contempla uma primazia do direito comunitário sobre o direito nacional.

O *Corpus Iuris* foi considerado um projeto limitado e ambicioso. Assim, descreveu Delmas-Marty, dizendo que é limitado porque apenas diz respeito às fraudes lesivas aos interesses financeiros comunitários; e ambicioso, uma vez que define oito infrações, denominadas de fraudes europeias, nas quais propõe regras de Direito Penal unificadas sobre imputação da responsabilidade e sobre a determinação de sanções[42].

---

[39] MACHADO (2004, p. 71).
[40] MACHADO (2004, p. 71).
[41] MACHADO (2004, p. 71).
[42] DELMAS-MARTY (1999, pp. 203/204).

Complementou, ainda, que as regras de processo penal são parcialmente unificadas em torno do Princípio da Territorialidade Europeia, o qual desemboca na criação de um Ministério Público Europeu[43].

Diante desses propósitos, o *Corpus Iuris* teve como função introduzir o Ministério Público Europeu como autoridade responsável, cabendo a este dirigir as investigações e assegurar o bom andamento do procedimento, com poder para atuar de ofício. Nessa linha, o Ministério Público será composto por um procurador geral europeu, que, desde Bruxelas, exerce o controle e a coordenação dos procedimentos penais, e pelos procuradores europeus delegados, designados pelos Estados-Membros, exercendo as atividades essenciais do Ministério Público Europeu, desde a instância judicial de seu Estado de origem.

Nessa mesma instância judicial estará um "juiz de liberdades", que, desde a fase preparatória ao procedimento judicial deverá autorizar qualquer medida requerida pelo Ministério Público capaz de apostar uma restrição à liberdade individual dos acusados e das testemunhas, bem como controlar a legalidade da medida adotada.

As disposições relativas à fase preparatória serão consideradas ilustração da síntese que ilustra o *Corpus Iuris*, uma vez que combinaram o monopólio da autoridade pública sobre as investigações e persecuções (típico da tradição inquisitória), com o reforço da garantia judiciária, incorporada no "juiz de liberdades" que é típico da tradição acusatória[44].

A fase do julgamento será regida pelas regras internas do Estado-Membro, que realizará o julgamento e será escolhido no "interesse de uma administração de justiça eficiente", de acordo com alguns critérios, tais como o Estado em que se encontra a maior parte das provas, o Estado de residência ou nacionalidade do acusado ou o Estado em que o impacto econômico do crime será mais forte (artigo 26.2 – *Corpus Iuris*).

O procedimento judicial estará fundamentado no Princípio do Contraditório, segundo o qual as provas serão tanto mais

---

[43] DELMAS-MARTY (1999, pp. 203/204).
[44] MACHADO (2004, pp. 71/72).

sólidas quanto mais tenham sido submetidas ao debate contraditório. Os dispositivos referentes ao processo contraditório no *Corpus Iuris* foram também concedidos como síntese entre os dois sistemas jurídicos, tendo em vista que aquele princípio é assegurado de forma bastante parcial no processo inquisitório e que, no processo acusatório, aparece tardiamente, apenas na fase do julgamento[45].

Portanto, de acordo com Delmas-Marty, tratou-se de uma síntese, proposta não como um compromisso de renúncia dos pontos fortes de cada modelo, mas como um progresso realizado em relação a cada um deles[46].

Prosseguindo, ao lado do processo contraditório, várias regras serão estabelecidas no tocante às provas admitidas e proibidas sobre o ônus da prova e a presunção de inocência, além do regime de publicidade e de sigilo do procedimento e sobre os direitos do acusado.

A competência do Tribunal de Justiça da Comunidade Europeia, contemplada no *Corpus Iuris*, visou assegurar a medida de interpretação e implementação dos dispositivos do *Corpus Iuris,* resolvendo as diferenças entre os Estados e a Comissão, relativas à aplicação do *Corpus*, e dirimir conflitos de jurisdição (artigo 28 – *Corpus Iuris*).

Por fim, o *Corpus Iuris* reconheceu à legislação nacional a possibilidade de complementar as disposições contidas no *Corpus Iuris*, sempre que seja necessário e desde que o dispositivo nacional fosse mais favorável ao acusado (artigo 35 - *Corpus Iuris*).

Em 27 de Março de 2003[47], o procedimento referente ao *Corpus Iuris* foi concluído no Parlamento Europeu. Em resolução adotada na mesma data, o Parlamento sustentou a criação do Procurador Europeu e solicitou à próxima reforma institucional a incorporação efetiva "desse avanço destinado a assegurar a proteção dos interesses financeiros comunitários"[48]. Su-

---

[45] MACHADO (2004, p.72).
[46] MACHADO (2004, p.72).
[47] Com a necessidade de revisar a primeira versão do *Corpus Iuris,* adequando-o as novas realidades, uma nova versão foi apresentada no ano de 2000, a qual foi chamada de versão de Florença, dando início a uma série de debates por toda a Europa.
[48] MACHADO (2004, p.72).

blinhou a "necessidade de um controle democrático exercido pelo Parlamento Europeu, do exercício das atribuições do procurador" e considerou que o procurador deveria ser "nomeado pelo Parlamento", com a aceitação do Conselho, após serem designados pela Comissão dois candidatos, ou se necessário mais[49]. No entanto, na opinião do relator do projeto, as formas de produção jurídica comunitária não serão as indicadas a fornecer a base legal necessária à implantação de dispositivos[50].

Ademais, tendo em vista que a produção jurídica emana basicamente dos poderes executivos – dos Estados, no caso dos Tratados, e da Comunidade Europeia (representada pelo Conselho da União Europeia), no caso do direito derivado -, foi proposto o reconhecimento do Parlamento Europeu de competência legislativa por meio de um prolongamento de seu poder de codecisão em matéria orçamentaria[51].

Com isso, o *Corpus Iuris* foi suficiente para demonstrar que a unificação da legislação é um projeto ambicioso, porém factível, ainda que outrora inimaginável na esfera penal[52]. O autor Mário Monte ressaltou que o *Corpus Iuris* ainda não responde às exigências de unificação de um Direito Penal Europeu, pois para obter êxito necessitava da vontade dos Estados-Membros em pretender ultrapassar os limites de sua soberania[53].

E, o autor José Antonio Farah Lopes de Lima[54] ressalta que:

> O *Corpus Iuris* é uma proposta doutrinária que procura responder à contradição de manter aberta as fronteiras aos infratores e fechada aos órgãos encarregados da repressão, com o risco concreto de transformar a Europa em um paraíso criminal.

---

[49] MACHADO (2004, p.72).
[50] MACHADO (2004, p.73).
[51] MACHADO apud DELMAS-MARTY (1997, p.644).
[52] MACHADO (2004, p. 73).
[53] MONTE (2003, p.77).
[54] LIMA (2007.p. 76).

O *Corpus Iuris*, para a Comissão Europeia e para o Parlamento Europeu, constitui-se no norte político-criminal, sendo que o mais interessante neste projeto foi a criação do "Fiscal Europeu"[55]. Outrossim, é interessante ressaltar que o *Corpus Iuris* também propôs a vinculação do delito de lavagem de capitais ou de bens de natureza comunitária aos delitos previamente estabelecidos no seu texto.

Por outro lado, insta mencionar que, em 2002, surgiu uma nova proposta, o Eurodelitos, o qual foi de iniciativa privada, partindo de um grupo de juristas sob a direção de Klaus Tiedemann. O Eurodelitos foi mais abrangente do que o *Corpus Iuris*, porquanto procurava superar algumas críticas do projeto do *Corpus Iuris* e do Livro Verde, *v.g.* a separação de questões processuais e de questões de direito material para a proteção dos interesses financeiros comunitários.

Entendendo os juristas que seria necessária a detalhação dos delitos e as questões materiais relativas ao crime para uma melhor cooperação jurídico-penal no espaço penal europeu, eliminou o conteúdo adjetivo do *Corpus Iuris* dando maior ênfase às questões materiais.

Por fim, não é demais mencionar que também houve um Projeto Alternativo de Justiça Penal Europeia de iniciativa de um grupo majoritariamente constituído por penalistas de língua alemã.

2.2.1 A proposta de criação de um Ministério Público Europeu

Diante de uma proteção eficaz pelo Direito Penal, nos anos 70, a proteção dos interesses financeiros começou a ser considerada uma grande prioridade para a Comunidade Europeia, levando a Comissão a propor a criação de um Procurador Europeu.

---

[55]ZAPATERO e MARTÍN (2001, pp. 20/21). Disponível em: http://portal.uclm.es/descargas/idp_docs/doctrinas/el%20fraude%20de%20sub%20final.pdf

Foi em Nice, em uma Conferência Intergovernamental, que a Comissão expôs pela primeira vez as razões pelas quais a atuação de um Procurador Europeu seria um meio eficaz de proteção dos interesses financeiros da União.

Assim, com vista a reprimir de forma efetiva os autores de crimes contra os interesses financeiros da União, "surgiu na sequência da atribuição de recursos próprios à Comunidade, com um primeiro projecto de alteração do Tratado datado de 6 de Agosto de 1976"[56]. E, em razão disso, em 26/07/1995, foi adotada uma Convenção, a qual foi publicada no JO C 316 de 27/11/1995, com a finalidade de combater a fraude lesiva aos interesses financeiros da Comunidade Europeia (CE), constando no quadro da cooperação "justiça e assuntos internos" (futuramente denominada por terceiro pilar), assim como o Primeiro Protocolo de 27/09/1996, o Protocolo TJCE de 29/11/1996 e o Segundo Protocolo de 19/06/1997 (a seguir denominados instrumentos PIF- proteção dos interesses financeiros), todos eles adotados no âmbito do Título VI do Tratado União Europeia.

A Convenção referida entrou em vigor em 17 de Outubro de 2002, em conjunto com o seu primeiro protocolo e com o protocolo relacionado com a interpretação do Tribunal de Justiça (Protocolo TJCE).

Os instrumentos de proteção dos interesses financeiros possuíam como objetivo a criação de uma base comum para a proteção penal dos interesses financeiros das Comunidades Europeias.

Importa, ainda, mencionar que houve uma Proposta de Diretiva do Parlamento Europeu e do Conselho, relativa à proteção penal dos interesses financeiros da Comunidade (hoje União Europeia), sob a denominação de COM (2001) 272 final – JO C 240 E de 28/08/2001. Posteriormente, esta proposta foi alterada pela COM (2002) 577 final (JO C 71 E de 25/03/2003).

---

[56] COMISSÃO DAS COMUNIDADES EUROPEIAS (2001, p. 06).

De efeito, em razão de a Convenção e seus protocolos adicionais não terem sido ratificados por todos os Estados-Membros, a Comissão apresentou a supramencionada Proposta de Diretiva, com base no novo artigo 280 do Tratado da Comunidade Europeia, introduzido pelo Tratado de Amsterdam, e que inclui uma grande parte das suas disposições.

O Tratado de Amsterdam concretizou, em matéria de proteção penal dos interesses financeiros, uma base jurídica que permite ao legislador comunitário legislar, mas de forma limitada.

Destaca-se que o objetivo inicial da Convenção de proteção dos interesses financeiros consistia em acumular lacunas e eliminar incompatibilidades no que diz respeito à fraude lesiva dos interesses financeiros da Comunidade. Sustentou o Livro Verde que o alargamento da União, com o aumento do número de Estados-Membros, de operadores e de administradores envolvidos na gestão dos fundos comunitários, bem como a fragmentação do espaço penal europeu, conduz ao Procurador Europeu [57].

Assim, devido ao Princípio da Equivalência (igualmente previsto no n. 4 do artigo 280 do Tratado da Comunidade Europeia), a criminalização dos comportamentos fraudulentos tornou-se mais homogênea em toda a União Europeia[58].

Com isso, reconhecendo-se a importância de uma proteção eficaz contra a fraude aos interesses financeiros, os Estados-Membros assinaram a Convenção e seus protocolos adicionais, os quais previam a aproximação das legislações penais nacionais. De acordo com esta Convenção, cada Estado-Membro deveria adotar as medidas necessárias para garantir a luta contra a fraude em matéria de despesas e de receitas comunitárias por meio de medidas penais adequadas, com competência relativamente às infrações que tiverem sido tipificadas, nos termos das obrigações decorrentes da referida Convenção. E, sendo uma fraude grave, as sanções deveriam incluir penas privativas de liberdade que podem implicar extradição.

---

[57] COMISSÃO DAS COMUNIDADES EUROPEIAS (2001, p. 13).
[58] COMISSÃO DAS COMUNIDADES EUROPEIAS (2004, p. 11).

2.2.2 O Ministério Público Europeu de acordo com o *Corpus Iuris*

Sem a intenção de anular o papel dos Ministérios Públicos nacionais[59], mas com a ideia de centralização, já que uma unidade central de investigação teria condições de investigação, optou-se por uma centralização célere. De acordo com Delmas-Marty[60], o Ministério Público Europeu atuaria em todo o território europeu, funcionando com liberdade de circulação e ação no território dos Estados-Membros, sendo um órgão indivisível e independente.

Os membros do Ministério Público Europeu não poderiam aceitar instruções de qualquer governo ou órgão, bem como não poderiam exercer outra atividade (independente de remuneração) e não poderiam exercer suas funções a nível nacional.

A criação de um espaço judicial comunitário unificado, mediante a inserção harmoniosa nos sistemas nacionais de um Procurador Europeu, assim como de delegados em cada Estado-Membro, encarregados apenas do procedimento penal e da acusação, dão início a uma nova fase proposta no Tratado de Lisboa em relação ao crime transnacional[61].

2.3 A IDEIA INICIAL DE UM PROCURADOR EUROPEU COMO FORMA DE PROTEÇÃO DOS INTERESSES FINANCEIROS DA UNIÃO EUROPEIA

O pensamento de constituição de um Procurador Europeu foi uma ideia latente no seio da União Europeia, uma vez

---

[59] VERVAELE (2005, p. 543).
[60] DELMAS-MARTY (1999, p. 236).
[61] SOUSA (2005, pp. 59/60).

que o propósito do Procurador Europeu nasceu da necessidade de resolver a contradição que se tornou injustificável – a compartimentação do território das Comunidades e a gravidade dos delitos.

Atendendo ao pedido da Comissão e do Parlamento Europeu, em meados dos anos 90, uma equipe de especialistas da área penal (do nível europeu), apresentou um conjunto de regras substantivas e processuais referentes às infrações lesivas dos interesses financeiros da Comunidade que ficou conhecido como *Corpus Iuris*[62].

Como já dito, o *Corpus Iuris*[63] tinha como finalidade a concretização de uma política de unificação do Direito Penal Europeu no que diz respeito à matéria de proteção dos interesses financeiros[64].

Em 1997, o *Corpus Iuris* já previa a criação de um Procurador Europeu, no sentido de se passar da cooperação entre os Estados para a criação de um "verdadeiro sistema único - a uma solução verdadeiramente comunitária"[65].

Tal questão restou retomada em 2000, com uma iniciativa da Comissão, perfectibilizada no Livro Verde. Neste livro, a Comissão elaborou a proposta de criação da figura de um Procurador Europeu justamente para cuidar dos interesses financeiros da União Europeia. Menciona-se que, na proposta da Comissão, o Procurador Europeu constituiria uma interface entre o nível comunitário e as autoridades judiciais nacionais, o que tornaria mais fácil evitar (nos casos de fraudes financeiras transnacionais) a destruição de provas e a fuga de suspeitos, atualmente favorecidas pela falta de cooperação judiciária vertical entre a Comunidade e os Estados-Membros.

Com isso, o Procurador Europeu deveria ter apenas uma competência de atribuição. Dentro do respeito pelos Prin-

---

[62] COSTA (2005, p. 178).
[63] A criação do *Corpus Iuris*, com a finalidade de proteção dos interesses financeiros, resultou na proposta de Diretiva do Parlamento Europeu e do Conselho – 2001/0115 (COD). O *Corpus Iuris* estabelece disposições penais e processuais para a proteção financeira da União Europeia.
[64] MONTE (2009, p. 71).
[65] DELMAS-MARTY (1999, p. 234).

cípios da Subsidiariedade e da Proporcionalidade, esta competência deveria ser limitada dentro do mínimo necessário à repressão eficaz e equivalente das atividades ilegais lesivas dos interesses financeiros comunitários em todo o território das Comunidades Europeias (artigo 280° CE).

No quadro do Livro Verde, a Comissão propôs inscrever no direito comunitário apenas o mínimo necessário ao bom funcionamento do Procurador Europeu.

A proteção dos interesses financeiros da União, então, justificava a criação de uma Procuradoria Europeia, a partir da *Eurojust* e, com o Tratado de Lisboa, no seu artigo 86 TFUE, abriu-se esta possibilidade.

A Procuradoria Europeia pode ser instituída por unanimidade do Conselho, mediante Regulamento em processo legislativo especial, após aprovação do Parlamento Europeu. Não havendo unanimidade, o Regulamento pode ser submetido ao Conselho Europeu por um grupo de, pelo menos, nove Estados-Membros.

As competências da Procuradoria Europeia são: investigar, processar judicialmente e levar a julgamento, eventualmente em articulação com a Europol, os autores e cúmplices das infrações lesivas dos interesses financeiros da União determinadas no regulamento a que se refere o n. 0 1 (artigo 86, n. 02 TFUE). E, junto dos órgãos jurisdicionais competentes dos Estados-Membros, a Procuradoria Europeia exerce a ação pública relativa a tais infrações.

A criação do Procurador Europeu constitui-se numa revolução no âmbito do Direito Penal, tanto substantivo quanto processual. No Direito Penal substantivo reconhece-se que os interesses financeiros da União constituem um bem jurídico que deve ser objeto de uma tutela especial. E, no âmbito do Direito Processual Penal, ao permitir-se que ele exerça a ação pública, irá obrigar a criação de normas processuais especiais para a atuação da Procuradoria Europeia[66].

---

[66] MONTE (2009, pp. 195/196).

Portanto, tem-se que os interesses financeiros da União surgem, agora, como um bem jurídico que merece uma tutela específica, não se confundindo com os interesses dos Estados de *per si*, uma vez que são tutelados enquanto interesses financeiros da própria União[67].

2.3.1 A questão da proteção dos interesses financeiros da União Europeia

Importante tecer o conceito de fraude antes de debater a proteção dos interesses financeiros.

Pode-se definir a fraude em dois âmbitos, de acordo com o artigo 1ª (Disposições Gerais) da Convenção, estabelecida com base no artigo K.3 do Tratado de Maastricht, relativamente à proteção dos interesses financeiros das Comunidades. Vejamos:

> 1 - Para efeitos da presente Convenção, constitui fraude lesiva dos interesses financeiros das Comunidades Europeias:
> a) Em matéria de despesas, qualquer acto ou omissão intencionais relativos:
> - à utilização ou apresentação de declarações ou de documentos falsos, inexactos ou incompletos que tenha por efeito o recebimento ou a retenção indevidos de fundos provenientes do Orçamento Geral das Comunidades Europeias ou dos orçamentos geridos pelas Comunidades Europeias ou por sua conta; - à não comunicação de uma informação em violação de uma obrigação específica que produza o mesmo efeito; - ao desvio desses fundos para fins diferentes daqueles para que foram inicialmente concedidos;
> b) Em matéria de receitas, qualquer acto ou omissão intencionais relativos: - à utilização

---

[67] MONTE (2009, pp. 195/196).

ou apresentação de declarações ou de documentos falsos, inexactos ou incompletos que tenha por efeito a diminuição ilegal de recursos do Orçamento Geral das Comunidades Europeias ou dos orçamentos geridos pelas Comunidades Europeias ou por sua conta; - à não comunicação de uma informação em violação de uma obrigação específica que produza o mesmo efeito; - ao desvio de um benefício legalmente obtido que produza o mesmo efeito.

Ainda, sobre a fraude, o autor Adán Nieto Martín[68] informa que a principal ação da fraude consiste em violar frontalmente uma disposição, optando por uma forma artificial.

Com efeito, no que pertine à proteção dos interesses financeiros, propriamente dita, os anos setenta foi um marco por colocar fim às contribuições nacionais e instituir um sistema de recursos próprios da União Europeia (artigo 201 da CEE; artigo 173 do CEEA). Por meio da Decisão de 21 de Abril de 1970 (JO L 94 de 28/04/1970), foram atribuídos às Comunidades Europeias recursos próprios, que tinham a finalidade de financiar as suas despesas.

Os recursos próprios[69] comunitários são verdadeiras receitas de natureza fiscal e são integrados pelos denominados recursos próprios tradicionais, os quais consistem em direitos niveladores aduaneiros, direitos agrícolas e quotizações sobre o açúcar, bem como pelo recurso baseado no Imposto sobre o Valor Acrescentado - IVA (porcentagem de até 1%).

Posteriormente, nos anos oitenta, por meio da Decisão

---

[68] MARTÍN (1996, pp. 34/35).

[69] Provém dos contribuintes dos Estados-Membros, sendo, portanto, competência destes a sua arrecadação. De acordo com o autor SOUSA (2005, p. 18), os recursos próprios eram utilizados para além do financiamento da organização administrativa das Comunidades Europeias, sendo utilizados no financiamento da política agrícola comum, na política de desenvolvimento interno e nas intervenções nos domínios da energia e da investigação, da cooperação com terceiros países.

n. 88/376/CEE do Conselho de 24 de Junho de 1988[70], o recurso próprio obteve um novo recurso, baseado no Rendimento Nacional Bruto (RNB), anteriormente chamado de Produto Nacional Bruto (PNB).

As "outras receitas", de acordo com o artigo 269 do TCE, também são tidas como recursos próprios (consistindo no excedente do exercício anterior) as contribuições dos países terceiros nos programas europeus e as contribuições do pessoal das instituições europeias.

A Proteção dos Interesses Financeiros (PIF) reside na indispensabilidade dos recursos para a União, pois é de extrema importância para a sobrevivência da instituição e de suas políticas comunitárias.

Ademais, o orçamento comunitário é de interesse comum e por este motivo ultrapassa as fronteiras nacionais, motivo pela qual a fraude deve ser combatida por todos os Estados-Membros. Diz o autor Francesco de Angelis[71] que "as fraudes comunitárias constituem um "parasitismo" que afeta a própria credibilidade das políticas da União Europeia".

Um dos exemplos mais famosos de fraude contra os interesses financeiros é a da declaração falsa da origem dos bens importados com o fim de evadir ao pagamento de direitos aduaneiros.

Nessa linha, tem-se o caso que deu origem ao acórdão[72] do Milho Grego. No final do ano de 1986, por meio de informações de um termo de inquérito realizado, a Comissão teve ciência de que dois carregamentos de milhos de procedência grega, a serem exportados para a Bélgica, no mês de maio de 1986 (pela sociedade ITCO), eram na verdade milho exportado da Iugoslávia. Os milhos foram declarados oficialmente pelas autoridades helênicas como sendo milho de procedência da Grécia, o que fez com que nenhum direito nivelador agrícola, destinado a alimentar os recursos próprios da Comunidade, fossem cobrados.

---

[70] Mais tarde, a matéria restou regulada pela Decisão n. 94/728/CE do Conselho e Regulamento CE n. 1150/2000 do Conselho.

[71] DE ANGELIS (1998, p. 42).

[72] Acórdão do Tribunal de Justiça de 21 de Setembro de 1989, Comissão contra República Helênica – Processo n. 66/88.

Diante da fraude, não se pode precisar a dimensão exata dos danos causados ao patrimônio da União, mas se sabe que o combate e a luta contra a fraude são imprescindíveis para a sobrevivência da União Europeia e se considera expressamente "que a protecção dos interesses financeiros da União exige o desenvolvimento do espaço penal europeu e a criação de um Ministério Público Europeu"[73].

2.3.2 A proteção penal dos interesses financeiros comunitários

Anteriormente ao Tratado de Lisboa, a União não tinha competência penal para legislar, o que significa dizer que não detinha competência para incriminar comportamentos, para criar ou impor sanções penais. As competências da União eram "competências de atribuição", somente podendo atuar nos domínios em que os Estados cediam competências para legislar[74].

Assim, a proteção penal dos interesses financeiros comunitários ficava a cargo dos sistemas penais nacionais.

Atualmente, em razão da competência atribuída pelos Estados-Membros, a União Europeia pode incriminar novos domínios, estabelecendo, para isso, regras mínimas comuns aos Estados-Membros por meio de Diretivas.

2.3.3 Alterações introduzidas pelo Tratado de Lisboa no âmbito da proteção dos interesses financeiros da União Europeia

Antes do Tratado de Lisboa, a proteção dos interesses financeiros encontrava-se consolidada, em tratado no artigo

---

[73] SOUSA (2005, p.32).
[74] RODRIGUES (2008, p. 30).

280 do TUE. O artigo 280 do Tratado de Amsterdam alterou o artigo 209 do TCE, trazendo, assim, a discussão em torno da competência em matéria penal para a finalidade de proteger os interesses financeiros comunitários.

Da leitura do antigo artigo 280 do Tratado da União Europeia, extrai-se que a Comunidade e os Estados-Membros combaterão as fraudes e quaisquer outras atividades ilegais lesivas dos interesses financeiros da Comunidade, por meio de medidas a tomar ao abrigo do respectivo artigo, que tenham um efeito dissuasor e proporcionem uma proteção efetiva nos Estados-Membros.

Com isso, a Comissão entendeu que foi criada uma base jurídica suficiente para conferir "competência à Comunidade para tomar iniciativas de harmonização em matéria penal no âmbito da proteção dos seus interesses financeiros, impondo obrigações legiferantes penais aos Estados-Membros"[75].

Assim, está-se diante de uma competência implícita da Comunidade, sendo que estas obrigações serão por meio de Diretivas.

De acordo com o entendimento do autor Mário Monte[76], estar-se-á falar, numa primeira ideia, de uma competência, tanto da Comunidade como dos Estados-Membros, para atuar na proteção dos interesses financeiros, mesmo em termos penais. Prossegue, justificando que no item n. 04, na parte final do artigo 280, ao ser dito que as medidas não dirão respeito à aplicação do Direito Penal nacional, nem à administração da justiça nos Estados-Membros, "o direito penal restou expressamente excluído".

Verifica-se, então, que se pretendeu excluir a possibilidade de a Comunidade criar normas penais para proteger interesses financeiros com efeito nos Estados-Membros.

Ainda, sustenta o autor Mário Monte que se pode dizer que a norma visa o contrário, uma vez que a Comunidade (mais concretamente o Conselho) pode adotar medidas de natureza penal para proteger os seus interesses financeiros, o que decorre da primeira parte do n. 04. No entanto, tais normas não

---

[75] RODRIGUES (2006, p. 1253).
[76] MONTE (2009, pp. 127/130).

podem entrar em conflito com a aplicação do Direito Penal nacional e nem com a administração da justiça.

Com isso, discute-se sobre a limitação do n. 04, porquanto há quem sustente que diz respeito apenas aos Regulamentos e não as Diretivas. Porém, o que na verdade ocorre é que o legislador quis impor uma limitação em relação às normas de natureza penal, tanto que no n. 02 há menção de que os Estados-Membros poderão tomar medidas de natureza penal para proteger os interesses financeiros, não a Comunidade[77].

Já com o Tratado de Lisboa, o qual entrou em vigor em 1ª de Dezembro de 2009[78], o artigo 280 foi alterado, passando a proteção dos interesses da União Europeia a constar no artigo 325. O item n. 04 do artigo 325 aumentou os poderes do Parlamento Europeu, dando mais poder para legislar, pois, em conjunto com o Conselho, poderá adotar medidas nos domínios de prevenção e de combate às fraudes lesivas dos interesses financeiros da União.

Como já dito, com o novo tratado a União possui mais poderes no que diz respeito ao Direito Processual Penal e ao Direito Penal substantivo, mas não de forma ilimitada. Em razão de os Estados-Membros demonstrarem certa cautela em relação às matérias que podem conflituar com a soberania estadual, optou-se, na sua maioria, que o poder da União se manifestaria mediante a adoção de Diretivas, permitindo aos Estados o poder de definir a forma e os meios de alcançar o resultado visado por ela.

O Tratado de Lisboa traz, de forma expressa, como ponto culminante da cooperação judiciária em matéria penal o Princípio do Reconhecimento Mútuo das sentenças e decisões judiciais (ainda que inclua a aproximação das disposições legais e regulamentares apenas em certos domínios)[79].

---

[77] MONTE (2009, p. 127/130).
[78] O Tratado de Lisboa altera os dois fundamentais tratados da União Europeia – Tratado da União Europeia e Tratado que instituiu a Comunidade Europeia, denominado de Tratado sobre o Funcionamento da União Europeia.
[79] Artigo 82, n. 01, primeira parte do Tratado de Funcionamento da União Europeia.

O artigo 82 do Tratado sobre o Funcionamento da União Europeia (ex-artigo 31 do Tratado da União Europeia) prescreve regras atinentes ao Direito Processual Penal, enquanto que o artigo 83 do TFUE estabelece sobre o Direito Penal substantivo. Aquele faz uma distinção entre dois tipos de procedimentos, relacionados com o tipo de matéria que estiver em causa[80]. As medidas da 2ª parte do n. 01 do artigo 82 podem ser tomadas por quaisquer dos três atos normativos previstos no processo legislativo ordinário (Regulamento, Diretiva ou Decisão – artigo 289 do TFUE). E, em relação às medidas do n. 02 do artigo 82, exige-se que sejam tomadas mediante Diretivas[81].

Já o procedimento previsto no artigo 82, n. 02, possibilita ao Parlamento Europeu e ao Conselho Europeu que estabeleçam regras mínimas por Diretivas. O referido artigo traz as matérias em que as regras mínimas podem incidir.

> [...] a) A admissibilidade mútua dos meios de prova entre os Estados-Membros;
> b) Os direitos individuais em processo penal;
> c) Os direitos das vítimas da criminalidade;
> d) Outros elementos específicos do processo penal, identificados previamente pelo Conselho através de uma decisão. Para adoptar essa decisão, o Conselho delibera por unanimidade, após aprovação do Parlamento Europeu.

Verifica-se, portanto, que não há somente a incidência sobre aspectos centrais específicos do processo penal, mas

---

[80] A matéria em causa pode, ou não, incidir sobre aspectos do Direito Processual Penal de cada Estado ou de direitos fundamentais das pessoas, sendo, então, a Diretiva a via cabível.
[81] A Diretiva permite aos Estados-Membros algum poder de adaptação ao Direito Penal, uma vez que, por meio da transposição, poderão definir a forma e os meios adequados para atingir os resultados previstos na Diretiva (vinculando apenas os Estados destinatários), enquanto que o regulamento e a decisão não deixam qualquer margem de adaptação.

também pode vir a incidir sobre outros aspectos cruciais do processo penal que não estejam expressamente previstos no Tratado de Funcionamento da União Europeia. No entanto, para isso, é necessário aferir alguns requisitos, quais sejam: a) que seja necessário para facilitar o reconhecimento mútuo das sentenças e decisões judiciais e a cooperação policial e judiciária; b) em matérias penais com dimensão transfronteiriça; e c) ter em conta as diferenças entre as tradições e os sistemas jurídicos dos Estados-Membros.

A estes requisitos se acresce outro, especifico para situações que se insiram no âmbito da alínea "d)" do artigo 82, n. 02: exigência de uma decisão do Conselho deliberada por unanimidade, após aprovação pelo Parlamento Europeu. Assim, destaca-se que a existência dos referidos requisitos tem como finalidade impedir que aspectos nevrálgicos possam vir a ser objeto de intervenção. Nesse diapasão, o autor Mário Monte manifesta-se:

> Se as regras mínimas que estabelecem sobre elementos específicos do processo penal pudessem recair sobre quaisquer elementos, seria um cheque em branco cujos efeitos negativos poderiam não ser afastados por todos os Estados através do processo legislativo ordinário, uma vez que aqui já não é exigível a unanimidade[82].

Diante disso, tem-se que sobre as matérias mencionadas, somente é possível estabelecer regras mínimas por meio da Diretiva. Tal questão ocorre porque os Estados-Membros não dispensam a sua soberania.

Quanto ao n. 03 do artigo 82 do TFUE, este prevê uma "cláusula de segurança" (cláusula travão), a qual possibilita ao Estado o afastamento de uma Diretiva que prejudique aspectos fundamentais do seu processo penal.

---

[82] MONTE (2009, p. 188).

E, o artigo 83, n. 01, prevê a possibilidade de estabelecer, por meio de Diretivas, regras que dizem respeito ao Direito Penal substantivo. Este artigo estipula os domínios da criminalidade em causa que correspondem ao terrorismo, tráfico de seres humanos e exploração sexual de mulheres e crianças, tráfico de droga e de armas, Branqueamento de capitais, corrupção, contrafacção de meios de pagamento, criminalidade informática e criminalidade organizada.

De acordo com o autor Mário Monte[83], a última parte do n. 01 do referido artigo "prevê o alargamento a outros tipos de criminalidade, obedecendo aos critérios aí fixados, tendo em conta justamente a evolução da delinquência, alargamento este que deverá ocorrer por decisão do Conselho, por unanimidade, após aprovação do Parlamento".

Outrossim, extrai-se do artigo 83, n. 02, que apenas por meio de Diretivas podem-se estabelecer regras mínimas quando e onde se justifiquem necessidades de harmonização das políticas da União Europeia. As Diretivas referidas são adotadas em sintonia com um processo legislativo ordinário ou especial idêntico ao utilizado para a adoção das medidas de harmonização em causa, sem prejuízo do artigo 76 do TFUE.

O artigo 83, ns. 01 e 02, verbaliza "regras mínimas relativas à definição das infracções penais e das sanções", o que torna necessário saber o alcance desta expressão. Sobre isso, sustenta o autor Mário Monte:

> [...] o que parece evidente é que a União não tem o poder de definir os tipos, mas tão só de enunciar regras mínimas para essa definição, assim como não tem o poder de definir as sanções, mas apenas de enunciar regras mínimas para essa definição, o que o mesmo é dizer, o tipo de pena recomendável, por exemplo, até mesmo o estabelecimento de um mínimo abaixo do qual não devem descer, mas dando aos Estados a possibilidade

---

[83] MONTE (2009, p. 197).

de definir o quantitativo definido, através de
um mínimo e um máximo da pena[84].

O fundamento do argumento supra reside no fato de que
o instrumento a ser utilizado é a Diretiva, pois esta define apenas o resultado a ser atingido, deixando a critério dos Estados
destinatários a forma e o meio a ser utilizado.

Igualmente, com a finalidade de combater as infrações
lesivas dos interesses financeiros da União, bem como tornar
mais eficaz a proteção, o Tratado de Lisboa prevê a possibilidade de o Conselho poder instituir uma Procuradoria Europeia
a partir da *Eurojust*, por meio de Regulamentos adotados de
acordo com um processo legislativo especial.

O artigo 86, item 02, a partir da *Eurojust* possibilita a criação de uma Procuradoria Europeia competente para investigar, processar judicialmente e levar a julgamento, eventualmente em articulação com a Europol, os autores e cúmplices
de infrações lesivas dos interesses financeiros da União.

Consoante será tratado posteriormente, a competência
da Procuradoria Europeia, a qual, perante os Estados-Membros, exerce ação pública a infrações em que atuará, poderá
ser estendida aos crimes graves de natureza transnacional, estando neles incluído o Branqueamento de Capitais (item 04 do
artigo 86 do TFUE).

---

[84] MONTE (2009, p. 214).

---

3. O BRANQUEAMENTO DE CAPITAIS COMO CRIME OR-GANIZADO TRANSNACIONAL

> [...] a força dos números, a soma dos ganhos da indústria da corrupção, o poder do tráfico de entorpecentes, dos geradores imensos que fabricam desigualdades sociais a crimes violentos, e que têm nas variadas formas de "lavagem", o desaguadouro da esperança criminal: a busca da aparência do lícito, pelo ilícito; a vestimenta social de cavalheiro, escondendo sob a elegância do fraque e a dissimulação do *gentleman*, aquilo que de mais feio existe, a torpeza criminosa que busca não revelar[85].

3.1 REFERENCIAL SOBRE O CRIME ORGANIZADO TRANS-NACIONAL

A evolução da União Europeia com a supressão de fronteiras, em razão da abertura de mercados, trouxe inúmeros be-

---

[85] BONFIM e BONFIM (2008, p. 15).

nefícios aos cidadãos europeus. No entanto, propiciou a propagação da criminalidade, sobretudo a criminalidade organizada transnacional[86].

Aliada a isso, a globalização[87], em conjunto com a evolução política, econômica, social e tecnológica na Europa, a partir do início dos anos 90, também, trouxe condições propícias ao desenvolvimento do crime organizado[88], fazendo com que este passasse a ser o grande ator da globalização.

A nova sociedade globalizada e moderna favoreceu o aparecimento de novos riscos, assim como sentimentos de insegurança, fatores estes que se devem ao desenvolvimento acelerado das grandes cidades, da migração de pessoas, dos avanços tecnológicos, da ausência de fronteiras e da versatilidade do fluxo de capitais circulantes no mundo, dentre outros fatores[89].

Nas palavras da autora Anabela Rodrigues, "a globalização é hoje o novo paradigma da política criminal: frente à internacionalização do crime, urge responder com a internacionalização da política de combate ao crime"[90], porquanto a criminalidade organizada é da globalização[91] e o crime tornou-se internacional. Nessa linha, "o crime é um dos sintomas da emergência desta sociedade global", assim como a nova criminalidade é a expressão do novo modelo de organização social para qual caminham as sociedades contemporâneas[92].

---

[86] ROCHA (2003, pp. 80 e 85) sustenta que o conceito de crime transnacional surgiu durante o 5º Relatório da ONU sobre a prevenção do crime e tratamento de delinquentes. O crime transnacional serve para designar certos fenômenos criminais que ultrapassam as fronteiras nacionais, transgredindo as leis de várias nações ou tendo impacto em outro país.

[87] BECK (2008, pp. 28/29) define a globalização como sendo a vida em uma denominada sociedade mundial que se caracteriza como a totalidade das relações sociais que não estão integradas, bem como não estão determinadas ou determináveis na polícia de uma nação. Ainda, segundo, a autora RODRIGUES (2003, p. 30), a "globalização" é uma das características que define os modelos sociais pós-industriais.

[88] A ameaça decorrente do crime organizado está mais relacionada com a evolução de sua natureza do que com a sua dimensão. CARRAPIÇO (2006, p.03).

[89] CALLEGARI (2008, p. 11).

[90] RODRIGUES e DA MOTA (2002, p.15).

[91] CALLEGARI (2008, p. 07).

[92] RODRIGUES (2003, p. 33).

Como forma de referenciar grupos ítalo-americanos nos Estados Unidos da América (sendo a máfia siciliana, talvez, o exemplo paradigmático de criminalidade organizada), nos anos sessenta, surgiu o termo crime organizado[93]. Depois de 1989, data tida como simbólica, o crime organizado transnacional[94] ganhou uma atualidade acrescida de referência para delimitar o início da nova fase, a qual se convencionou chamar de globalização e de pensamento único[95].

Complementando a ideia supra, "a globalização, que define os modelos sociais postindustriais, é, hoje, uma chave para a compreensão da criminalidade"[96]. Embora nos últimos quatrocentos anos tenham existido, em todo o globo, diferentes espécies de grupos criminosos estruturados, foi no século XX que o crime organizado assumiu uma nova dimensão, ou seja, houve a sua profissionalização.

Estudiosos da sociologia, da economia e do direito passaram a ocupar-se do tema, em suas mais variadas formas e manifestações. De outra forma não poderia ser, porquanto "o valor anual dos negócios do crime organizado é cinco vezes superior ao valor de há dez anos e maior que o valor combinado do comércio internacional do petróleo, aço, produtos farmacêuticos, alimentos, trigo e açúcar"[97].

A mola propulsora do crime organizado está ligada ao "espírito e estrutura lucrativo-empresariais"[98], uma vez que visa lucro que na maioria das vezes é transfronteiriço, sendo, inclusive, superior ao orçamento anual de muitos países. Estima-se que, dada à dimensão transnacional do crime organizado, o produto criminal mundial passa de hum bilhão de dólares

---

[93] GODINHO (2001, p. 35).

[94] De acordo com o 5º Relatório da ONU, realizado em Gênova, sobre a prevenção do crime e o tratamento de delinquentes, pode-se dizer que crime transnacional é aquele que ultrapassa as fronteiras nacionais, bem como que transgride as leis de vários países ou tem impacto noutro país. Nessa conclusão, identificou o branqueamento de capitais como um crime transnacional.

[95] LARA (2004, p. 100).

[96] RODRIGUES e DA MOTA (2002, p.13).

[97] FERREIRA e CARDOSO (2006, p. 614).

[98] FERREIRA e CARDOSO (2006, p. 614).

anuais, o que corresponde a cerca de vinte por cento do comércio mundial[99].

Com isso, para a evolução do crime organizado, a globalização da economia teve e vem tendo grande importância na medida em que todo o aparato desenvolvido para a economia formal e para trocas capitalistas legítimas foi apropriado por esquemas criminosos ao redor do globo. Crimes que eram antes praticados apenas no âmbito doméstico das nações passaram a ser cometidos, também, no plano transnacional, em razão das facilidades da nova economia global.

A fronteira entre o crime organizado e o mundo dos negócios é cada vez mais tênue e observa-se que esta forma de crime está a deixar de ser parte de um submundo para passar a estar presente, em lugar de destaque, ao lado de qualquer empresário, numa qualquer praça financeira do mundo, porquanto constitui hoje um poder autônomo com profissionais próprios, além de regras específicas[100].

O crime organizado é um fenômeno que se encontra em mutação permanente e, em razão de estar buscando a elevação do lucro, faz com que a maior parte dos países, em especial os da Europa, passem a sofrer uma crescente preocupação e inquietação. A preocupação[101] não reside apenas nos próprios efeitos nocivos, mas também nas consequências colaterais sobre a economia (*v.g.* o Branqueamento de Capitais, de notório resultado), a política e o desenvolvimento social dos Estados que resultam afetados por aquele. Esta preocupação reside na mudança do mundo, pois com a globalização e a criminalidade organizada, a segurança tornou-se uma preocupação permanente[102].

---

[99] CABRAL (2007, p. 12).
[100] FERREIRA e CARDOSO (2006, p. 615).
[101] Com o avanço das inúmeras atividades ilícitas em todo o mundo, a preocupação tornou-se tema central de discussão dos países.
[102] RODRIGUES (2003, p. 207).

Atualmente, não se pode considerar que um país se encontra a salvo da criminalidade, uma vez que o próprio desenvolvimento das atuais sociedades está vinculado aos efeitos da globalização, a qual, como já dito, tem gerado, paralelamente, a expansão do fenômeno criminal[103].

> A criminalidade organizada é um fenómeno que afecta qualquer estrato social, faixa etária ou país, envolvendo mesmo grupos inteiros da população. Tendo em conta tamanhas proporções, a sua relevância no contexto actual ultrapassa os limites toleráveis para a sobrevivência do Estado tal como hoje o vemos. Destrói os fundamentos da economia e corrói a estabilidade, a segurança e a soberania dos Estados, assim como põe em causa o desenvolvimento da personalidade, da autonomia e da liberdade individual de cada cidadão[104].

A luta contra a criminalidade organizada representa para os Estados um grande dispêndio de recursos financeiros, o que reclama uma Justiça rápida no seu controle e combate, não podendo a criminalidade organizada ser tratada apenas a nível nacional.

Embora, diferentemente dos crimes normais, os quais produzem uma lesão concreta a um bem jurídico individual, os crimes praticados por organizações criminosas ocupam uma posição importante na Parte Especial do Código Penal Português, fato que faz com que a comunidade internacional tenha

---

[103] BARBOSA (2008, p. 64).
[104] FERREIRA e CARDOSO (2006, pp. 615/616).

motivação para adotar medidas, por meio de diversos instrumentos legais, para prevenir e sancionar as condutas de caráter organizado[105].

Com isso, não se pode deixar de mencionar que o crime organizado transnacional não é um crime que esta adstrito às fronteiras de um país (um crime comum), mas, sim, é um crime que ultrapassa fronteiras, o que, sem dúvida, torna necessário o combate conjunto pelos países atingidos[106].

É de ressaltar que a dimensão tecnológica contribuiu de forma decisiva para o aumento da atividade criminosa na Europa, possibilitando, assim, a adoção de novos métodos de atuação mais sofisticados e mais anônimos[107].

Os avanços nos sistemas de comunicação, de transmissão de informações e de transportes[108] foram fundamentais para determinar as atividades do crime organizado, propiciando a sua diversificação e organização estrutural e econômica para explorar diversos campos (v.g. tráfico de drogas e de pessoas), surgindo o aparecimento do crime de Branqueamento de Capitais.

Assim, os meios, as estruturas e o know how implicados, as organizações criminais transnacionais obtêm rápidos benefícios sem precedentes, seja pelo elevado número de clientes, seja pelos escassos custos financeiros e penais a respeito daquelas atividades tradicionais[109].

---

[105] Uma das medidas internacionais de combate às organizações criminosas foi a subscrição em Palermo, em 2000, da Convenção das Nações Unidas com a Delinquência Organizada Transnacional, assim como documentos especializados internacionais, nos quais se encontra o Regulamento Modelo da CICAD, a Lei Modelo sobre o Branqueamento, de acordo com a Diretiva do Conselho da Europa contra o Branqueamento de Capitais, o Manual de Apoio para a Tipificação do Delito de Lavagem da CICAD, entre outras.

[106] A criminalidade transnacional, em razão de transpor-se no espaço delimitado do Estado, pugna pela introdução de mecanismos de política criminal, a nível nacional e internacional, com o objetivo precípuo de frear as condutas criminosas (mormente as decorrentes de organizações criminosas).

[107] CARRAPIÇO (2006, p.08).

[108] Para extrapolar a territorialidade penal, a tecnologia é vista como uma das armas utilizadas pelas organizações criminosas para encurtar a distância entre o crime, o seu objeto e o seu resultado.

[109] CEPEDA (2007, p. 94).

De efeito, o crime organizado ganhou poder econômico e percebeu rapidamente os mecanismos que fazem funcionar as sociedades modernas, bem como a cultura das massas que as embebe, utilizando-se da globalização para atingir o seu fim[110].

As organizações criminais transformaram um mercado de ingressos ilegais organizados, de forma artesanal, em um mercado ilícito empresarial, gerenciado internacionalmente[111]. A sua organização pode ser comparável a de uma empresa, já que é baseada na divisão do trabalho. Assim, pode-se dizer que elas atingem um modelo empresarial, porquanto sua característica marcante é transpor para o crime métodos empresariais, ao mesmo tempo em que deixa de lado resquícios de conceitos como a honra, a lealdade ou a obrigação, as quais estão presentes numa atividade empresarial[112].

A maior mobilidade de pessoas e de valores (ativos), propiciada pela ausência de barreiras alfandegárias, pela dispensa de vistos de entrada, pela ampliação da malha de transportes de passageiros e de cargas, pelo estabelecimento de uma rede mundial de computadores (*internet*) e pela criação de câmaras internacionais de compensação, como o sistema *Society for Worldwide Interbank Financial Telecommunication* (SWIFT), são vantagens que foram observadas pelos grupos mafiosos transnacionais e logo incorporadas as suas estratégias operacionais.

Do ponto de vista material, "a criminalidade organizada é uma actividade económica em sentido amplo – ou, em todo o caso, lucrativa, embora possa ir além disso -, caracterizada por efeitos danosos, normalmente económicos, mas também políticos e sociais"[113]. O autor Hassemer[114] diz que a "criminalidade organizada" realmente é, como ela se desenvolve. No entanto, não se sabe precisar quais as suas estruturas e perspectivas futuras. A definição atualmente em circulação é por demais abrangente e vaga, porquanto sugere uma direção em

---

[110] RODRIGUES (1999, p.16).
[111] CALLEGARI (2008, p. 13).
[112] BECK (2004, p. 66).
[113] RODRIGUES e DA MOTA (2002, pp. 13/14).
[114] HASSEMER (1993, pp. 66/67).

vez de definir um objeto, bem como não deixa muita coisa de fora.

Pesquisas empíricas encontram-se ainda nos seus primeiros passos rumo a um esclarecimento confiável do que seja o fenômeno, o que torna imperativo reconhecer que ainda se está em um estágio bastante primitivo do conhecimento criminológico e de precogitações terminológicas do fenômeno.

A organização criminosa pode ser denominada como sendo os crimes praticados por quadrilha ou por bando[115]. No Brasil, tentou-se definir a organização criminosa como sendo uma organização que, por suas características, demonstre a existência de estrutura criminal, operando de forma sistematizada, com atuação regional, nacional ou internacional. Porém, tal definição não prevaleceu, podendo, diante do posicionamento da doutrina[116], extrair a incriminação da conduta pelo conceito de organização criminosa da Convenção de Palermo, pelo menos para os delitos em que é aplicável esta Convenção.

Uma organização criminosa constitui uma estrutura criminógena que favorece a comissão reiterada de delitos (facilitando a sua execução, potencializando seus efeitos e impedindo sua persecução) de maneira permanente (já que a fungibilidade de seus membros permite substituir os seus integrantes) [117]. Nesse sentido, o seu conceito pode vir de um perigo para os bens jurídicos protegidos pelas figuras delitivas que serão praticadas pelo grupo e, por tanto, integra um injusto autônomo, um "estado de coisas" antijurídico que ameaça a paz pública[118].

---

[115] O artigo 299 do Código Penal Português definiu que será associação criminosa "quem promover ou fundar grupo, organização ou associação cuja finalidade seja dirigida à prática de crimes é punido com pena de prisão de um (01) a cinco (05) anos. Na mesma pena incorre quem fizer parte de tais grupos, organizações ou associações ou quem os apoiar, nomeadamente fornecendo armas, munições, instrumentos de crime, guarda ou locais para reuniões, ou qualquer auxílio para que se recrutem novos elementos". A reunião de pelo menos três pessoas poderá configurar o crime, de acordo com a alteração dada pela Lei n. 59/2007.

[116] Em razão de inexistir previsão legal do que seja uma organização criminosa, o Conselho Nacional de Justiça, por meio da Recomendação n. 03, de 30 de Maio de 2006, recomenda a adoção do conceito de crime organizado previsto na Convenção de Palermo.

[117] CALLEGARI (2008, p. 21).

[118] SILVA-SÁNCHEZ (2003, p. 132).

Segundo o autor Fernando Gómes Mont,[119] a definição legal de criminalidade organizada deve orientar-se, dentre outros, pelos seguintes critérios: o caráter permanente de suas atividades delitivas, o seu caráter lucrativo, o grau de complexidade de sua organização e a finalidade associativa de cometer delitos que afetem bens jurídicos fundamentais dos indivíduos e da coletividade, e que, por sua vez, alterem seriamente a saúde e a segurança pública.

Outrossim, os autores Luis Flávio Gomes e Raúl Cervini[120] mencionam que:

> [...] devemos ater-nos à idéia central de crime organizado, partindo-se do pressuposto da prática por entidade organizada, mas não do ponto de vista do crime propriamente dito, que seria o fruto daquela. Como já enfatizado, não é tarefa fácil dar os contornos da organização criminosa (ou associação ilícita organizada), porque não ser nada fácil diagnosticar com precisão a essência da sua realidade fenomenológica.

Portanto, tem-se que o crime organizado é uma estrutura estável de pessoas que se servem do crime, da violência (e também da corrupção) para atingirem poder e meios econômicos.

Já o conceito de criminalidade organizada é mais amplo, uma vez que envolve diversos fatores, porquanto há muitos grupos com graus de organização e traços característicos diferentes. O recurso à violência e à corrupção são meios coerentes, o uso da tecnologia de transporte e da comunicação possibilitam a expansão da mobilidade internacional e o objetivo principal da organização é prestar serviços/produtos ilegais e obter lucro, entre outras características.

---

[119] GÓMES MONT (1994, p. 405).
[120] GOMES e CERVINI (1997, p. 92).

O Direito da União Europeia,[121] para considerar um delito como crime organizado, exige a presença de pelo menos seis características, as quais são enunciadas em uma lista, sendo, no mínimo, três de caráter obrigatório (que se contemplam nos artigos "1", "5" e "11"). Vejamos:

> 1. Mais de duas pessoas; 2. Divisão de tarefas entre as pessoas; 3. Permanência; 4. Controle interno; 5. Suspeita da comissão de um delito grave; 6. Atividade Internacional; 7. Violência; 8. Uso de estruturas comerciais ou de negócios; 9. Lavagem de Dinheiro; 10. Pressão sobre o poder público; e 11. Incentivo de lucro.

A Declaração Política e Plano de Ação Mundial de Nápoles contra a Delinquência Transnacional Organizada, aprovada mediante Resolução n. 49/159, da Assembleia Geral das Nações Unidas de 23 de Dezembro de 1994, assinala as possíveis manifestações de criminalidade organizada. Seguem:

> 1. A formação de grupos para se dedicar à delinquência; 2. Os vínculos hierárquicos ou as relações pessoais que permitem o controle do grupo por seus chefes; 3. O recurso à violência, a intimidação ou corrupção para

---

[121] O Grupo Droga e Crime Organizado da União Europeia (1994) diz que um grupo organizado, ou até mesmo um ato proveniente deste, poderá vir a integrar o domínio da criminalidade organizada desde que coexista uma colaboração entre mais de duas pessoas para o cometimento de crime grave, motivados pela ambição de lucro fácil, bem como o poder em suas variadas formas (político, econômico, etc...). Cabe, ainda, mencionar que o agir desse grupo ou o próprio ato resultante deste, deveriam resplandecer, ainda, três fundamentais características de um rol que contém um elenco taxativo de oito enunciados, quais sejam: existência de um poder disciplinar no agir e no controle dos integrantes, a atuação em nível internacional com a utilização de estruturas comerciais ou empresariais e a busca de influência nos três poderes e representações da economia nacional e internacional.

obter benefícios, ou exercer o controle de algum território ou mercado; 4. O branqueamento de fundos de procedência de ilícita para fins de alguma atividade delitiva ou para infiltrar em alguma atividade econômica legítima; 5. O potencial para se introduzir em alguma nova atividade ou para ultrapassar as fronteiras nacionais; e 6. A cooperação com outros grupos organizados de delinquência transnacional.

Igualmente, a supramencionada Convenção das Nações Unidas, adotada em Nova York em 15/11/2000[122], no seu artigo 2[123], define o crime organizado, dizendo que se trata de um grupo de três ou mais pessoas, organizado ou estruturado em forma não aleatória, mas não necessariamente hierárquica. Complementa, salientando que a sua existência deve ser durável, ao contrário de instantânea; deve cometer delitos graves, ou seja, cuja pena é de pelo menos quatro anos; e que deve ter um fim econômico lucrativo, mas pode ser simplesmente material como ocorre com os grupos terroristas que financiam suas atividades com uma grande diversidade de delitos. Por fim, menciona a referida Convenção que é punível uma organização da sociedade que comete crimes, bem como ela permite que a penalização ocorra por meio de parcelas ou por meio de participação em um grupo criminoso organizado, ou ambos.

A Convenção reconhece, implicitamente, que a delinquência organizada se alimenta da proteção interna, baseada no segredo, e a proteção externa, baseada no tripé de violência, corrupção e obstrução da justiça.

---

[122] É conhecida, também, por Convenção de Palermo, a qual é o ato normativo internacional mais abrangente no combate ao crime organizado transnacional que prevê medidas e técnicas especiais de investigação na prevenção, controle e combate à criminalidade organizada.

[123] De acordo com a Convenção das Nações Unidas contra o Crime Organizado (Convenção de Palermo), artigo 2º, alínea "a", define-se crime organizado como um "grupo estruturado de três ou mais pessoas, existente há algum tempo e atuando concertadamente com o propósito de cometer uma ou mais infrações graves ou enunciadas na presente Convenção, com a intenção de obter, direta ou indiretamente, um benefício econômico ou outro benefício material".

A maioria dos ordenamentos jurídicos e instrumentos internacionais coincidem na conceituação de crime organizado, o qual pode ser considerado como uma manifestação criminal feita por várias pessoas e caracterizada pela permanência, incentivo delitivo, organização funcional, comissão de delitos graves e utilização de meios violentos ou que afetem gravemente bens jurídicos relevantes a fim de chegarem as suas finalidades[124].

Prosseguindo, além do que restou manifestado supra, é muitas vezes comum nas organizações o ânimo de lucro e os efeitos transnacionais de seus comportamentos delitivos, demonstrando a necessidade de harmonizar os ordenamentos jurídicos dos Estados a fim de existirem políticas e estratégias unificadas de perseguição e sanção dos delitos[125].

A grande flexibilidade permite, ainda, adaptar-se permanentemente e expandir as suas atividades às novas zonas geográficas (áreas internacionais, no caso do crime organizado transnacional) e aos novos mercados, o que lhe dá um cariz multifacetado[126].

> La delincuencia organizada constituye todo un sistema económico clandestino, con un producto bruto y unas ganacias netas que sobrepasan el producto nacional bruto de muchos países.[127]

A doutrina internacional tem relacionado os delitos de tráfico ilícito de drogas, Branqueamento de Capitais ou lavagem de dinheiro (assim denominada no Brasil), terrorismo, corrupção de funcionários, tráfico ilegal de imigrantes e os que tratam de pessoas com fins de exploração sexual ou de trabalho, roubo de veículos, sequestro de pessoas, tráfico ilícito de obras

---

[124] BARBOSA (2008, p. 69).
[125] BARBOSA (2008, p. 70).
[126] CARRAPIÇO (2006, pp. 05/06).
[127] NACIONES UNIDAS (1993, pp. 197/198).

de arte, pornografia infantil, falsificação de moeda, tráfico de armas, delitos informáticos, entre outros, como crime organizado transnacional.

> El fenómeno de la delincuencia organizada no debe considerarse como un mal nebuloso o un peligro efímero, sino más bien como una empresa ilícita totalmente tangible, con indicadores y características que son posibles de determinar analíticamente y com operaciones de amplio alcance que pueden y deberían ser combatidas. La tendencia a considerar a la delincuencia organizada como una amenaza abstrata se há vinculado em parte a la falta de una definición clara, precisa y aceptable, de este fenómeno em el plano internacional e incluso em el nacional[128].

A criminalidade organizada responde a um novo estado de insegurança da sociedade, colocando em risco a segurança dos próprios cidadãos, porquanto tem capacidade de desestabilizar a economia do país que opera, assim como a parte social e a política. O crime organizado não é apenas um problema de economia de mercado, passando "a ser uma ameaça que diz respeito à existência dos próprios países"[129].

Frente a isso, o Direito Penal e Processual, na necessidade de reprimir a propagação de crimes, busca dar uma resposta à criminalidade organizada na tentativa de coibir a expansão do crime organizado. O Direito Penal, assim como as penas, se expandem, e o Direito Processual Penal se adapta às novas exigências. Uma das características do Direito Penal moderno é a evolução de uma criminalidade associada ao in-

---

[128] NACIONES UNIDAS (1993, p. 09).
[129] CARRAPIÇO (2006, p.08).

divíduo isolado até uma criminalidade desenvolvida por estruturas de modelo empresarial[130], o que ocorre com o crime organizado.

No tópico seguinte, fala-se no Branqueamento de Capitais como crime transnacional.

3.2 O CRIME DE BRANQUEAMENTO DE CAPITAIS

> O crime é cada vez mais menos um acto e cada vez mais um conjunto de actos imperceptíveis como ilícitos e só a reconstituição de todo revela os traços de cada uma das partes. Por exemplo: o branqueamento é uma actividade financeira como qualquer outra; só a origem criminosa dos fundos a torna punível[131].

Em todas as sociedades, os bens, independentemente da sua natureza, tiveram sempre mobilidade e a sua circulação constituiu e constitui um dos índices mais relevantes para a valorização do dinamismo ou do desenvolvimento de qualquer comunidade humana organizada[132]. É com o dinheiro que se alcança a mobilidade dos bens.

Dos crimes praticados pelas organizações criminosas, a nível transnacional, tem-se presente o crime de Branqueamento de Capitais, o qual vem adquirindo proporções gigantescas, tanto que se estima que são branqueados, anualmente, valores equivalentes "ao PIB da Alemanha, a maior economia europeia", bem como, a nível mundial (anualmente), cerca de

---

[130] CALLEGARI (2008, p. 13).
[131] RODRIGUES (2003, p. 37).
[132] FARIA COSTA (1992, p. 61).

800 milhões a 1,5 bilhões, ou mesmo dois bilhões de euros, o equivalente a 2 a 5% do Produto Interno Bruto global[133].

As atividades de grupos criminosos organizados, no âmbito internacional, visam à acumulação de riquezas por meios ilegais (sendo o meio mais comum para isto o tráfico de drogas) e, com a finalidade de ocultar e dissimular a origem ilícita dos bens, vale-se do Branqueamento de Capitais[134].

O Branqueamento de Capitais[135] traz consequências que se fazem sentir, não tanto a nível pessoal, mas econômico por meio da disrupção do mercado, levando a crer que os lucros de uma organização criminosa devem passar pela fase do Branqueamento. Nessa linha, o potencial criminógeno ou a danosidade social do Branqueamento de Capitais é capaz de desestruturar os mercados financeiros e desestabilizar a economia de um País[136].

Os movimentos de Branqueamento de Capitais afetam o sistema financeiro, uma vez que, sendo de conhecimento que uma praça financeira é utilizada como plataforma para operações de Branqueamento de Capitais, pode vir a ter a credibilidade manchada, afastando, assim, investidores, os quais prezam por transparência e respeito pelas regras e códigos de conduta[137].

Outrossim, pode-se mencionar que a reciclagem do dinheiro produz um "impacto micro-económico extremamente negativo"[138], uma vez que origina situações de concorrência desleal e perturba a circulação de bens no mercado. Nessa senda, verdadeiras organizações criminais multinacionais que atuam no Branqueamento de Capitais são provenientes de atividades ilegais, v.g. tráfico de drogas e armas, possuindo fortes laços com o tráfico de drogas em razão de ser uma das atividades ilícitas que mais lucros proporcionam.

---

[133] CANAS (2004, p.07).
[134] GUIA LEGISLATIVO PARA A APLICAÇÃO DA CONVENÇÃO DAS NAÇÕES UNIDAS CONTRA A CRIMINALIDADE ORGANIZADA TRANSNACIONAL (2003, p. 32).
[135] CARRAPIÇO (2006, p.16).
[136] BONFIM e BONFIM (2008, p. 14).
[137] BRANDÃO (2002, p.21).
[138] BRANDÃO (2002, p.22).

As grandes organizações ilícitas que são detentoras da disponibilidade de bens e de dinheiro que o reinvestimento de tais somas, provenientes de atividades criminosas e onde impera uma total iliquidez, faz nascer desvios e condicionamentos no mercado financeiro na medida em que pode levar ao controle de um setor inteiro ou segmento da economia[139].

O Branqueamento de Capitais tem-se beneficiado do apoio de profissionais altamente capacitados, assim como de avançadas tecnologias que possibilitam a transferência do dinheiro *sujo* em alta velocidade, de um lugar para outro, dando a aparência de legalidade. As transações acabam por ocorrer no *ciber* espaço, o que faz com que o Branqueamento de Capitais adquira novos contornos[140], pois basta um *click* de um computador e o dinheiro pode ser transferido de uma conta para outra em um país qualquer[141].

Antes de adentrar na definição do Branqueamento de Capitais, convém informar o termo utilizado em diversos países.

O termo lavar vem do latim *lavare*, isto é, *tornar puro*, enquanto que a palavra dinheiro vem do latim vulgar *denarius*, ou cada dez, que correspondia a uma moeda romana, e hoje significa *moeda corrente*.

No Brasil optou-se pela expressão lavagem de dinheiro (lavado em alguns países da América Latina), tanto que a primeira vista pode parecer coloquial, mas já era consagrado pelo uso e está de acordo com a expressão em inglês *money laundering*[142]; em alemão *geldwaschen ou geldw'ascherei;* em

---

[139] FARIA COSTA (1992, p. 66).

[140] CANAS (2004, p. 10).

[141] DAVIN (2007, p.40).

[142] A expressão inglesa *money laundering* resulta do fato de que o dinheiro adquirido ilegalmente é sujo, devendo ser lavado ou branqueado. Organizações mafiosas utilizavam lavanderias automáticas para investir dinheiro e encobrir a sua origem ilícita. Não é demais mencionar a lendária história de *Al Capone*, o qual teria comprado em 1928 (na Cidade de Chicago) uma cadeia de lavanderias (*laundromats*), da marca *Sanitary Cleaning Shops*. A finalidade da compra era a fachada legal para permitir a realização de depósitos bancários de notas de baixo valor nominal, habituais nas vendas de lavanderia - mas resultantes afinal do comércio de bebidas alcoólicas, interdito pela Lei Seca e de outras atividades criminosas (*v.g.*, a exploração da prostituição, do jogo e a extorsão).

francês, utiliza-se *blanchiment d'argent;* em espanhol, utiliza-se as expressões *blanqueo de capitales* e *lavado de dinero;* em Portugal, fala-se em "Branqueamento ou Branqueamento de Capitais", expressões que poderiam ter uma conotação racista, motivo pelo qual não foi utilizada pelo legislador brasileiro e, em italiano, o termo utilizado é *riciclaggio di denaro sporco.* Nisso, é de notar que a ementa da lei não fala exatamente em lavagem de dinheiro, mas de bens, direitos ou valores[143].

Interessante esclarecer que o termo *money laundering* foi utilizado por agentes norte-americanos, tendo um sentido bem literal no início em que começou a ser empregado, bem como obteve maior divulgação em 1972 com o escândalo do financiamento da campanha de reeleição do presidente americano Richard Nixon[144]. Já em Portugal, a classe política, em seu discurso, passou a utilizar o verbo branquear, no sentido de que isto é distorcer a realidade[145].

Apesar de se verificar que cada país utiliza um termo diferente para designar o ato de tornar o dinheiro *sujo* em *limpo* (dar uma aparência lícita ao que é ilícito), o significado do termo é o mesmo em todos os países.

Aqui, evocando a ideia de ilicitude, será utilizado o termo Branqueamento[146] que é utilizado no ordenamento legal português em vigência (artigo 368, A, do Código Penal Português), assim como Branqueamento de Capitais por força da Lei n. 83/2017, Série I de 18.08.2017 que, recentemente, promoveu alterações no Código Penal Português e no Código da Propriedade industrial.

---

[143] BALTAZAR JUNIOR (2009, p. 562).
[144] GODINHO (2001, pp. 26/27).
[145] GODINHO (2001, p. 27).
[146] O autor SANTIAGO (1994, p. 497) crítica o termo Branqueamento de Capitais, acreditando que poderia ser substituído pelo termo reciclagem.

3.2.1 Notas introdutórias sobre o Branqueamento de Capitais

O Branqueamento ou Branqueamento de Capitais é legalmente descrito não como um conjunto mais ou menos circunscrito de condutas concretas, mas, sim, ampla e genericamente como um processo destinado a certo fim, qual seja: a ocultação ou a dissimulação de um conjunto de características de bens de origem ilícita [147].

Diante da gravidade do delito transnacional do Branqueamento de Capitais que ganhou projeção com a ligação com o crime organizado, vários instrumentos internacionais passaram a exigir a criminalização do Branqueamento de Capitais, obtendo destaque a Convenção de Viena de 1988[148], a Convenção Contra o Crime Organizado Transnacional de 2000 e a Convenção Contra a Corrupção de 2003.

A Convenção de Viena (artigo 3º, b), ratificada em 1991 por Portugal, por meio do Decreto n. 44/91, foi a primeira convenção internacional a versar sobre a matéria do Branqueamento de Capitais, obrigando a criminalização em caso de tráfico de drogas.

Ainda, em 1988, o Comitê da Basileia sobre a Supervisão Bancária emitiu uma Declaração sobre a Prevenção da Utilização Criminosa do Sistema Bancário com vista ao Branqueamento de Capitais que contém um preâmbulo e uma declaração de princípios.

---

[147] GODINHO (2001, p. 13).

[148] Considerada um marco no combate ao Branqueamento de Capitais, uma vez que estabeleceu a formulação detalhada do tipo penal, previu condutas agravadas, bem como disposições sobre cooperação internacional, inversão do ônus da prova e reafirmou o princípio sobre o qual o sigilo bancário não deve impedir as investigações penais.

Igualmente, o Grupo de Ação Financeira Internacional (GAFI[149]) ou FATF (*Groupe d' Action Financière sur le Blanchiment de Capitaux/ Financial Action Task Force on Money Laudering*) pelo G-7, na cimeira anual de Julho de 1989 (em Paris), sugeriu a criminalização logo nas suas primeiras recomendações, emitidas em 1990.

O GAFI, então, publicou quarenta Recomendações que regulam conjuntamente questões penais, financeiras e de cooperação internacional, as quais não possuem caráter obrigatório, porquanto se tratam de recomendações, o que não impede que tenham força e respeitabilidade, uma vez que são instrumentos modelos para ações internacionais[150].

A Convenção n. 141 do Conselho da Europa de 08 de Novembro de 1990[151], em relação ao crime de Branqueamento de Capitais (detecção, apreensão e perda dos produtos do crime), determinou a criminalização do referido delito e dos produtos de um número de crimes, mais amplo do que os da Convenção de Viena.

A relevância da mencionada Convenção evidencia-se com a ampliação do rol de crimes antecedentes ao Branqueamento de Capitais, assim como pelo emprego de métodos eficazes e efetivos, sendo a perda do produto do crime um dos

---

[149] Formada em 1989 pelo G-7, o *Financial Action Task Force on Money* - Branqueamento de Capitais (GAFI) - é um organismo intergovernamental cujo objetivo é desenvolver e promover uma resposta internacional para combater a lavagem de dinheiro. Em outubro de 2001, o GAFI expandiu sua missão para incluir o combate ao financiamento do terrorismo. O GAFI é um organismo de decisão política que reúne peritos jurídicos, financeiros e policiais para conseguir a legislação nacional e AML regulamentares e reformas CFT. Atualmente, é formado por 31 países e territórios e duas organizações regionais. Além disso, o GAFI trabalha em colaboração com vários organismos e organizações internacionais. Estas entidades têm estatuto de observador junto do GAFI, que não dão direito a voto. No entanto, permite a plena participação em sessões plenárias e grupos de trabalho. O GAFI é considerado um dos organismos internacionais mais relevantes.
[150] BONFIM e BONFIM (2008, p. 19).
[151] Esta Convenção foi assinada em Estrasburgo em 08 de Novembro de 1990, ocasião em que Portugal também assinou nesta mesma data, sendo, posteriormente, aprovada pelo AR, por meio da Resolução n. 70/97, de 09 de Outubro de 1997, publicada em DR de 13 de Dezembro e ratificada pelo Presidente da República, por meio do Decreto n. 73/97, da mesma data. A Convenção entrou em vigor na ordem jurídica internacional em 01.09.1993.

mais importantes e eficazes instrumentos de combate ao delito[152].

Em 03 de Dezembro de 1998, no âmbito do Terceiro Pilar, foi aprovada uma Ação Comum que impôs a criminalização do Branqueamento de Capitais com âmbito genérico, bem como instrumento jurídico internacional comunitário - Ação Comum n. 98/699/JHA, de 03.12.1998 -, emitida ao abrigo do artigo K.3 do Título VI do Tratado da União Europeia (chamado terceiro pilar da União Europeia).

No entanto, é com o Tratado de Amsterdam (em vigor desde 1ª de Maio de 1999) que, apesar de não referir expressamente sobre o Branqueamento de Capitais, foi concretizada uma disposição no domínio da cooperação judiciária em matéria penal, adotando gradualmente medidas prevendo regras mínimas quanto aos elementos constitutivos de infrações penais e penas aplicadas nos domínios da criminalidade organizada, do terrorismo e do tráfico de drogas (artigo 31, letra "e").

Em Portugal, por imposição de regras de direito internacional, a criminalização foi introduzida pelo Decreto-Lei n. 15/93, de 22 de Janeiro de 1993, sob a influência da primeira Diretiva Comunitária (Diretiva n. 91/308/CEE)[153]. O mencionado Decreto-Lei reviu a legislação de combate às drogas, criminalizando o Branqueamento de Capitais no artigo 23, pela primeira vez, em Portugal[154].

Posteriormente, foi publicado o Decreto-Lei n. 313/93, de 15 de Setembro de 1993, o qual transpôs a Diretiva n. 91/308/CEE, do Conselho, de 10 de junho, relativa à prevenção

---

[152] BONFIM e BONFIM (2008, p. 21).
[153] As Convenções de Viena e do Conselho da Europa inspiraram no espaço da União Europeia esta Diretiva, a qual é relativa à prevenção da utilização do sistema financeiro para fins de Branqueamento de Capitais, definindo de forma exaustiva o Branqueamento de capitais. A Diretiva n. 91/308/CEE cria a obrigação de os Estados-Membros proibirem e punirem esse tipo de delito no caso de bens e produtos decorrentes do tráfico de drogas, bem como definiu alguns deveres das entidades financeiras em relação ao Branqueamento de capitais.
[154] A título de curiosidade, informa-se que o Branqueamento de Capitais é uma criação americana (EUA) e Portugal criminalizou o delito após sete anos da criminalização pelos EUA. Já a Itália, em 1978, por meio de uma alteração do Código Penal, alargou o tipo de receptação para abranger o Branqueamento de Capitais.

da utilização do sistema financeiro para efeitos de Branqueamento de Capitais.

Em 1995, atendendo ao apelo da Diretiva n. 91/308/CEE, foi publicado o Decreto-Lei n. 325/95, acrescentando à lista de crimes subjacentes o terrorismo, o tráfico de armas, a extorsão de fundos, o rapto, o lenocínio, a corrupção e demais infrações tipificadas na Lei n. 36/94, de 29 de Setembro.

A Lei n. 36/94 restou alterada pelos seguintes dispositivos: Lei n. 65/98, de 02 de Setembro de 1998; Decreto-Lei n. 275-A/2000, de 09 de Novembro de 2000; Lei n. 104/2001, de 25 de Agosto de 2001; Decreto-Lei n. 323/2001, de 17 de Dezembro de 2001; e Lei n. 10/2002, de 11 de Fevereiro de 2002, sendo que esta última foi na sequência da Diretiva de 2001[155].

Com a edição da Diretiva n. 2001/97/CE, de 04 de Dezembro de 2001, do Parlamento Europeu e do Conselho, a Diretiva n. 91/308/CEE do Conselho, de 10 de Junho, foi revista. Esta nova Diretiva alterou o conceito de atividade delitiva da qual procedem aos bens e valores, assim como alargou o rol de atividades e profissionais obrigados ao cumprimento das medidas preventivas, passíveis de serem usadas no processo de Branqueamento de Capitais.

A Lei n. 5/2002, de 11 de Janeiro de 2002, não incide exclusivamente sobre o Branqueamento de Capitais, mas traz regras sobre a quebra do segredo a que estão obrigadas certas pessoas e instituições, o controle de contas bancárias, a obrigação de sigilo, a produção de provas, a perda de bens e o respectivo processo e regime sancionatório dos deveres no contexto da repressão a vários crimes, neles incluído o Branqueamento de Capitais.

A Convenção das Nações Unidas contra a criminalidade organizada transnacional, a qual constituiu um importante instrumento de combate ao Branqueamento de Capitais, aprovada em 15 de Novembro de 2000, foi assinada por Portugal

---

[155] Antes da Diretiva de 2001, foram adotados no contexto da União Europeia a Ação Comum de 03 de Dezembro de 1998, em relação ao Branqueamento de Capitais, assim como a Decisão-Quadro do Conselho, de 26 de Junho de 2001 (2001/500/JAI).

em 12 de Dezembro de 2000, tendo sido aprovada pela Assembleia da República por meio da Resolução n. 32/2004, de 12 de Fevereiro de 2004, e ratificada pelo Decreto n. 19/2004, de 02 de Abril.

Em 2004, o crime de Branqueamento de Capitais foi introduzido no Código Penal (Lei n. 11/2004, de 27 de Março, por meio do aditamento do artigo 368-A). O Branqueamento, em Portugal, até então, era regulado pela Lei Nacional n. 25/2008, de 05 de Junho de 2008, a qual revogou a Lei n. 11/2004 que transpôs a Diretiva n. 2001/97/CE[156]. A lei supramencionada adequou a legislação portuguesa às Diretivas n. 2005/60/CE, do Parlamento Europeu e do Conselho de 26 de Outubro, e n. 2006/70/CE, da Comissão, de 1º de Agosto.

Como reportado anteriormente, o Branqueamento de Capitais faz parte de uma estrutura de crime organizado transnacional, tendo início a sua projeção com estrita ligação ao tráfico de drogas – Decreto Lei n. 15/93, de 22 de Janeiro (tráfico e consumo de entorpecentes e substâncias psicotrópicas) -, e depois se alargou a outros tipos de criminalidade organizada com o Decreto Lei n. 325/95, de 02 de Dezembro de 1995[157], que, de um modo geral, corresponde ao constante no artigo 368- A, do Código Penal Português (CPP). Em sintonia com o Decreto Lei n. 15/93, artigo 1º, para efeitos de processo penal, o Branqueamento de Capitais é equiparado ao terrorismo, à criminalidade violenta ou altamente organizada.

Atualmente, a Lei n. 83/2017, Série I de 18.08.2017, transpôs parcialmente a Diretiva 2015/848/EU, do Parlamento Europeu e do Conselho, de 20 de Maio de 2015, assim como a Diretiva 2016/2258/EU, do Conselho, de 06 de Dezembro de 2016, alterando o Código Penal Português e o Código da Propriedade Industrial com a finalidade de estabelecer medidas de

---

[156] O artigo 1º da Decisão-Quadro, relativa ao Branqueamento de Capitais, cria para os Estados-Membros cujos sistemas penais prevejam sanções com um limite mínimo, a obrigação de não fazerem reservas ao artigo 6º, da Convenção Europeia de 1990 na medida em que estejam em causa infrações puníveis com uma pena privativa da liberdade ou uma medida de segurança de duração mínima superior a seis meses.
[157] Veio a criminalizar o Branqueamento de Capitais resultante dos seguintes crimes: terrorismo, tráfico de armas, extorsão de fundos, rapto, lenocínio e corrupção.

combate ao Branqueamento de Capitais e ao financiamento do terrorismo. Nessa linha, revogou a Lei n. 25/2008, de 05 de Junho, e o Decreto-Lei n. 125/2008, de 21 de Julho.

Segundo o autor Jorge Godinho[158], não há uma punição para o Branqueamento de Capitais decorrente de todo e qualquer crime, mas, sim, apenas para os decorrentes de capitais resultantes "de certas e determinadas infrações", as quais constam em um catálogo legal.

A ideia, inicialmente, por meio da detectação do Branqueamento de Capitais era combater a criminalidade organizada (mormente o tráfico de drogas). No entanto, tendo adquirido o crime de Branqueamento de Capitais grandes proporções, o que culminou, também, na lesão aos interesses financeiros da União Europeia, bem como aos interesses individuais, este passou a ser combatido individualmente.

O autor Pedro Caeiro[159] diz que o sentido global dado por cada ordenamento jurídico à punição do Branqueamento de Capitais depende de sua relação com os crimes precedentes ou subjacentes, dando como exemplo os crimes geradores de vantagens cujo Branqueamento se incrimina.

Vale lembrar que a proteção do sistema contra o Branqueamento de Capitais encontra fundamento, antes de tudo, numa relação de complementaridade entre o interesse público, a segurança na economia e do sistema financeiro em particular, e, pela sua gênese, na persecução do Princípio de Garantia da Igualdade de Oportunidades a todos os Cidadãos.

A partir da ideia supra, tem-se uma compreensão clara da importância e da necessidade da atuação do Governo em garantir um sistema financeiro íntegro, com porte e aperfeiçoamento que permita afastar a desconfiança dos seus intervenientes. Isso exige, entre outras medidas, que seja acautelado o uso do sistema financeiro e econômico para o Branqueamento de Capitais, tentando não só combater o crime por trás do Branqueamento, mas tentando, também, não defraudar as expectativas dos investidores e aforradores, evitando uma

---

[158] GODINHO (2001, p. 16).
[159] CAEIRO (2003, p. 378).

crise de confiança ruinosa para o sistema financeiro, para a economia e para a própria sociedade.

O Branqueamento de Capitais é uma atividade que serve de suporte a outras formas de crime organizado e para dissimular o ilícito que está por detrás dela, constituindo-se em um complemento natural de qualquer atividade criminosa, como modo de converter os proventos do crime[160]. O doutrinador Godinho[161] define o Branqueamento de Capitais como sendo um processo em que se procura distanciar um bem de sua origem ilícita, dissimulando a sua ilicitude por meio de uma aparência de licitude.

Com vistas a atacar o lado patrimonial da criminalidade, a criminalização do Branqueamento de Capitais impõe-se de um claro ímpeto atual[162].

Portanto, na presente pesquisa, busca-se trazer a lume o Branqueamento de Capitais que provém de atividade decorrente de organização criminal transnacional com o fim específico de lesar os interesses financeiros da União Europeia, assim como o de particulares, uma vez que, depois de branqueados os capitais, estes ingressam no setor financeiro como dinheiro lícito. É pela via do Branqueamento de Capitais que o crime organizado utiliza procedimentos que se revestem de legalidade e inserem no sistema econômico financeiro as altas somas oriundas desta prática delituosa.

Muitas vezes os delitos de natureza econômica, os quais são aqueles praticados com o abuso de poder econômico e caracterizados como crime organizado, devem ser tratados como quadrilheiros profissionais que se escondem atrás da máscara de empresários para lesar a população[163].

O autor Andrea Castaldo, professor de Direito Penal da Universidade de Salerno na Itália, leciona que:

---

[160] FERREIRA e CARDOSO (2006, p. 624).
[161] GODINHO (2001, p. 38).
[162] GODINHO (2001, p. 18).
[163] DE OLIVEIRA (1994, p. 52).

La delincuencia económica clásica estaba perfectamente integrada en la sociedad; el crimen representaba para el individuo um parêntesis asilado en el camino de su vida, y era considerada uma expresión de elecciones individuales temporáneas. Sin embargo, la delincuencia económica contemporânea está nuevamente organizada: es uma expresión de asociación de individuos no integrados, y que por medio del crimen intentan obtener prestigio y reinserción social[164].

O Branqueamento de Capitais aparece no âmbito da chamada cultura de corrupção e a potencia, minando as estruturas sociais, corroendo os pilares do sistema econômico, bem como o social[165].

Nesse estudo, para elucidar o tema, faz-se necessário tecer, corretamente, o conceito do delito, consoante segue abaixo.

3.2.2 Conceituação do delito de Branqueamento de Capitais como crime transnacional

Inicialmente, segue a definição, segundo a Diretiva 91/308/CEE, pois são enumerados como Branqueamento de Capitais os seguintes atos cometidos intencionalmente:

— Conversão ou transferência de bens, com conhecimento, por parte de quem as efetua, de que esses bens provêm de uma atividade criminosa ou da participação numa atividade

---

[164] CASTALDO apud YACOBUCCI (2005, p. 274).
[165] FERREIRA e CARDOSO (2006, p. 624).

dessa natureza, com o fim de encobrir ou dissimular a origem ilícita dos mesmos ou de auxiliar quaisquer pessoas implicadas nessa atividade a furtar-se às consequências jurídicas dos seus atos;

— Dissimulação ou encobrimento da verdadeira natureza, origem, localização, utilização, circulação ou propriedade de determinados bens ou de direitos relativos a esses bens, com conhecimento pelo autor de que tais bens provêm de uma atividade criminosa ou da participação numa atividade dessa natureza;

— Aquisição, detenção ou utilização de bens, com conhecimento, quando da sua recepção, de que provêm de uma atividade criminosa ou da participação numa atividade dessa natureza,

— A participação em um dos atos referidos nos travessões anteriores, a associação para praticar o referido ato, as tentativas de perpetrá-lo, o fato de ajudar, incitar ou aconselhar alguém a praticá-lo ou o fato de facilitar a sua execução.

Para assegurar a estabilidade e a integridade dos sistemas financeiros dos Estados-Membros, a Diretiva n. 2001/97/CE tem como pontos principais:

a) O alargamento do rol de atividades a serem monitoradas para alcançar não só a lavagem de dinheiro do produto do crime associado ao tráfico de drogas;

b) Inclusão das agências de câmbio, das instituições de transferências de fundos, seguradoras, cassinos e das empresas de investimento imobiliário no rol de atividades abrangidas pela Diretiva por serem vulneráveis ao Branqueamento;

c) Apontada a necessidade de ação comum na definição das infrações para incriminação do Branqueamento com a criação de sistemas de notificação de transações suspeitas; de cooperação internacional; identificação de clientes e manutenção de registros; de identificação, detecção, congelamento, apreensão e perda de instrumentos e produtos do crime;

d) A necessidade de repressão à criminalidade organizada (Plano de Ação do Grupo de Alto Nível);

e) Inclusão de agentes imobiliários, negociantes de pedras preciosas, obras de arte, leiloeiros, dos notários e outros profissionais forenses independentes, inclusive advogados, como sujeitos ao disposto na diretiva quando participem de transações financeiras, empresariais, principalmente quando prestem consultoria fiscal pelo risco acentuado desses serviços profissionais serem utilizados de forma abusiva para o Branqueamento de produto de atividades criminosas;

f) Identificação de transações com clientes cujo montante seja igual ou superior a quinze mil euros; e,

g) Envio de informações, ainda, de quaisquer fatos que possam constituir indícios de operações de Branqueamento às autoridades responsáveis pela repressão ao Branqueamento.

O controle do sistema financeiro incentivou a utilização de outras atividades e profissionais no Branqueamento de Capitais. Sem dúvida, a União Europeia, sensível aos avanços da tecnologia do crime, conseguiu delinear e avançar na criação de um sistema abrangente de prevenção e de repressão ao Branqueamento de Capitais, ao envolver atividades profissionais e empresariais utilizadas para dissimular a origem do produto de atividades criminosas. Prossegue-se com o conceito de Branqueamento de Capitais, constante no artigo 6º da Convenção de Palermo[166].

> Criminalização da lavagem do produto do crime:
> 1. Cada Estado Parte adotará, em conformidade com os princípios fundamentais do seu direito interno, as medidas legislativas ou outras que sejam necessárias para caracterizar como infração penal, quando praticada intencionalmente:
> a) i) A conversão ou transferência de bens, quando quem o faz tem conhecimento de que esses bens são produto do crime, com o propósito de ocultar ou dissimular a origem ilícita dos bens ou ajudar qualquer pessoa envolvida na prática da infração principal a furtar-se às consequências jurídicas dos seus atos;
> ii) A ocultação ou dissimulação da verdadeira natureza, origem, localização, disposição, movimentação ou propriedade de bens ou direitos a eles relativos, sabendo o seu autor que os ditos bens são produto do crime;
> b) E, sob reserva dos conceitos fundamentais do seu ordenamento jurídico:
> i) A aquisição, posse ou utilização de bens, sabendo aquele que os adquire, possui ou utiliza, no momento da recepção, que são produto do crime;
> ii) A participação na prática de uma das infrações enunciadas no presente Artigo, assim como qualquer forma de associação, acordo, tentativa ou cumplicidade, pela prestação de assistência, ajuda ou aconselhamento no sentido da sua prática.

---

[166] O crime de lavagem de dinheiro está tipificado no artigo 1ª da Lei n. 9.613, de 3 de Março de 1998. Considerado processualmente autônomo (artigo 2ª), o delito de reciclagem tem, todavia, a sua configuração típica dependente da ocorrência de um crime antecedente ou precedente.

Inspirada no texto da Convenção de Viena de 1988, a Convenção do Conselho da Europa alargou para fins de Branqueamento de Capitais a noção dos capitais ilícitos, estendidos não só àqueles provenientes do tráfico de drogas, mas, também, aos de outras atividades delituosas.

A Convenção de Viena, de 20 de dezembro de 1988, contra o tráfico ilícito de entorpecentes e de substâncias psicotrópicas traz expressa referência ao Branqueamento de Capitais como conversão, transferência, ocultação ou encobrimento da natureza, origem, localização, destino, movimentação ou propriedade verdadeira dos bens decorrentes de atividades ilícitas.

Utiliza-se, frequentemente, a expressão "Branqueamento de Capitais", quando, por meio, de um processo, se pretende ocultar fundos cuja proveniência é fruto da prática de atividades ilícitas.

O Branqueamento de Capitais ou a lavagem de dinheiro (termo usado no Brasil) abrange todos os procedimentos que tem por finalidade ocultar a verdadeira origem e a posse do dinheiro decorrente de atividades ilícitas, o que faz com que o dinheiro adquirido ilegalmente seja proveniente de fontes legítimas[167].

Adotando a denominação utilizada no Brasil, a lavagem de dinheiro, em se tratando de fenômeno criminológico, consiste na conduta do criminoso de ocultar ou dissimular o produto do crime[168].

Em sintonia com o que se vem estudando, Branqueamento de Capitais e criminalidade organizada são temas umbilicalmente ligados. O objetivo último de qualquer organização criminosa é a legitimação de valores derivados de suas práticas ilícitas, com ou sem lucro. Contrabando de mercadorias, violação de direitos de autor, tráfico de armas, de pessoas e drogas, exploração da prostituição e outras infrações graves geram vultosas somas de dinheiro ilícito que precisam ser recicladas e introduzidas na economia formal ou utilizadas, com

---

[167] EBO (2008, p. 145).
[168] MORO (2010, p. 15).

aparência de legitimidade, pelos beneficiários finais de tais esquemas criminosos.

Obtida a vantagem ilícita, torna-se necessário desvinculá-la de sua origem criminosa. E, isto se faz mediante práticas de Branqueamento de Capitais, que passam pela colocação (*placement*), pela dissimulação (*layering*) e pela integração (*integration*) dos capitais sujos em atividades empresariais de fachada ou para a aquisição de bens e serviços, quase sempre de alto valor, para os membros da associação criminosa.

Parte deste dinheiro espúrio serve ainda para a prática de corrupção, mediante a destinação periódica ou ocasional de cotas a servidores públicos dos Poderes Executivo, Legislativo e Judiciário e, além do Ministério Público que possam de algum modo ser úteis à organização criminosa. Nesse processo, com a finalidade de tornar legítimo o capital obtido de maneira ilícita, o dinheiro percorre o sistema financeiro econômico dos países, comprometendo a segurança da ordem econômica financeira, servindo até mesmo de estímulo ao cometimento dos crimes mais graves - tráfico de drogas, terrorismo, extorsão, sequestro, tráfico de armas, corrupção, etc.

Então, o dinheiro obtido por meio do crime organizado é, inicialmente, introduzido no sistema bancário, sendo depositado ou utilizado para a aquisição de fundos, *v.g.* carros, joias, os quais, posteriormente, são vendidos[169]. Por meio de operações numéricas e deslocamentos geográficos (*v.g.* paraísos fiscais[170]), o dinheiro de condição ilegal passa a integrar a economia lícita.

Sendo o tráfico de drogas uma atividade muito rentável, o dinheiro proveniente desta atividade criminosa passa pelo Branqueamento de Capitais, uma vez que "os traficantes e todas as pessoas implicadas nesse negócio tem necessidade de tornar legítimo o dinheiro da droga de tal modo que o dinheiro

---

[169] EBO apud HITCHINS *et al* (1996, p. 207).

[170] DUARTE, (2002, p.16) cita portos de abrigo (como paraísos fiscais), os quais os acolhiam para gastar os proveitos da empreitada no mar, de origem ilícita. Referiu, ainda, que os piratas também faziam uso do proveito de seus saques para adquirir perdão régio com a finalidade de voltar aos seus países de origem, o que vem a demonstrar que o Branqueamento de Capitais não é uma realidade nova.

sujo seja visto como dinheiro limpo"[171]. O Branqueamento de Capitais pode, dessa forma, ser conceituado como atividade que consiste na desvinculação ou afastamento do dinheiro de sua origem ilícita para que possa ser aproveitado.

Importa mencionar que a fundamentação da criação deste tipo penal consiste no sujeito que comete o Branqueamento de Capitais, o qual se traduz em proveito econômico, bem como tem que disfarçar a origem deste dinheiro. Ou seja, desvincular o dinheiro de sua origem criminosa e lhe conferir uma aparência lícita a fim de poder aproveitar os ganhos ilícitos, considerado que o móvel de tais crimes é justamente a acumulação material.

O dinheiro em espécie é difícil de ser guardado e manuseado, apresentando grande risco de furto e roubo, além de chamar a atenção em negócios de grande valor, daí porque a necessidade da lavagem. É característica da lavagem que os crimes antecedentes produzam lucros, tais como o tráfico ilícito de entorpecentes e a corrupção.

Com isso, tem-se que é característica da lavagem de dinheiro, também, a interação entre a economia ilegal e a legal para onde se tenta levar o produto do crime, o que é próprio do crime organizado e traz dificuldades para a sua definição teórica e controle, na prática[172].

O Branqueamento de Capitais é tido como toda e qualquer atividade financeira ou econômica efetuada intencionalmente com o objetivo de branquear e/ou ocultar o produto de atividades ilegais. Ou seja, a conversão, transferências, aquisição, detenção ou utilização de bens, direitos relativos a estes bens e/ou produto resultado destes bens que provenham de uma atividade criminosa ou da participação numa atividade desta natureza com o sentido de dissimular e/ou encobrir a verdadeira natureza, origem, localização, utilização, circulação ou posse dos referidos bens, direitos relativos a estes ou produto resultado destes bens com a intenção de fugir à ação das autoridades com vista à fruição futura do produto assim tornado "lícito".

---

[171] EBO (2008, p. 146).
[172] BALTAZAR JUNIOR (2009, p.562).

O objeto do Branqueamento de Capitais é transferir e distanciar da sua origem o dinheiro obtido de forma ilegal sem despertar suspeitas dos órgãos de investigação fiscal e criminal do Estado. Quanto mais distantes se encontrem os recursos da sua fonte maculada pela ilegalidade, melhor será o resultado da aparência de legalidade[173].

De acordo com a autora Isabel Ebo[174], há quatro fatores nas operações de Branqueamento de Capitais. Primeiro, o autor privado e a origem do dinheiro devem ser ocultadas, não fazendo sentido que terceiros saibam a quem pertence e donde provém o dinheiro; por segundo, a forma que se reveste o dinheiro deve ser alterada (alterando a forma, o volume também é reduzido); terceiro, o registro da contabilidade de todas as operações deve ser ocultado; e, por fim, é necessário manter um controle constante e rigoroso a longo prazo de todo o processo. É assim, porque os traficantes tentam separar o dinheiro de sua origem ilícita, investindo em artigos de luxo, os quais são rapidamente vendidos, aplicando-se o dinheiro como dinheiro legítimo[175].

O banco[176] ou outras redes financeiras efetuam o Branqueamento de Capitais, o qual pode ocorrer por duas formas: depósitos diretos, sob o um nome falso em qualquer país do mundo, assim como em qualquer banco[177]; e depósitos indiretos, realizados por intermediários (*v.g.* advogados, casas de câmbio), o que consiste em uma pré-lavagem.

---

[173] BALTAZAR JUNIOR (2009, p.91).

[174] EBO apud RTP2 (2000, p.159).

[175] A reciclagem do dinheiro somente é possível por meio do Branqueamento de Capitais e, em casas de câmbio, é possível pelo menos três operações, quais sejam; troca de dinheiro de uma moeda para outra; conversão do dinheiro de notas em cheques: e, por fim, as transferências bancárias internacionais.

[176] O Branqueamento de Capitais bancário é o que recicla a maior parte do dinheiro proveniente de atividades ilícitas, segundo informação constante no Documentário RTP2, 5/1/2000. É assim em razão das enormes quantias movimentadas. Os banqueiros tornam-se cúmplices, porquanto intermediam a legalização do dinheiro sujo e a sua conversão em ativos, empresas ou imóveis. Criaram-se paraísos fiscais, nos quais se lava diariamente cerca 160 a 400 milhões de dólares.

[177] Há uma lei que determina a identificação da pessoa que deposita mais de dez mil dólares, pois deve identificar a origem do dinheiro. Em que pese tal lei, nos paraísos fiscais o dinheiro pode ser depositado sem a correta identificação da pessoa e da origem do capital.

O processo de Branqueamento de Capitais efetuado pelo banco consiste no recebimento do dinheiro decorrente do ilícito e, posteriormente, é feita a transferência para uma empresa de fachada com sede em um paraíso fiscal[178]. Realizada a lavagem do dinheiro, este volta a conta do depositante como se fosse reinvestido ou com uma fatura de pagamento, oportunidade em que é aplicado no banco sob o nome de uma empresa respeitável, sendo investido em títulos públicos, indústrias e organizações financeiras[179].

É de destacar que, em razão de o Branqueamento de Capitais contar com entidades de diversos ramos e com inúmeros profissionais, tem obtido muito sucesso nas suas operações. Segundo informado pela autora Isabel Ebo[180], o Branqueamento de Capitais na atualidade é a atividade financeira com maior índice de crescimento a nível mundial, ocupando um quinto da riqueza mundial, aplicada em *offshore*. Ressaltou, ainda, que 85% dos paraísos fiscais operam sob as bandeiras europeias, sendo que os europeus também fornecem serviços aos traficantes de droga, potencialmente a fraude e a corrupção política.

Face à gravidade desses problemas causados pelo Branqueamento de Capitais, a "comunidade internacional" – como a União Europeia - viu-se na obrigação de tomar medidas excepcionais, que despontaram numa "espécie de estado de emergência penal".

Os fatores promotores desta nova dinâmica mundial - a liberdade de circulação de pessoas e bens, a celeridade dos fluxos de capital, a globalização do sistema financeiro, a desregulamentação de mercados, a complexidade dos veículos financeiros, o desenvolvimento tecnológico e a consequente imaterialidade das transações - colocam novos desafios ao conhecer, analisar, avaliar e perspectivar das vulnerabilidades

---

[178] A Suíça é a mais antiga "ilha", situada no centro da Europa, dedicada às operações consideradas ilegais em outros países, o que lhe permitiu ser um centro financeiro mundial, além de ser sede de grandes corporações e de organismos internacionais.

[179] EBO (2008, p. 151).

[180] EBO apud RTP2 (2000, p.159).

que estes fatores representam, pois as características do mercado facilitam a prática de atividades ilícitas, nomeadamente na legitimação de capitais de proveniência ilícita e na obtenção fraudulenta de vantagens econômicas, financeiras e fiscais.

3.2.3 O modo de efetivação do Branqueamento de Capitais

> O crescimento do comércio mundial foi, por seu turno, acompanhado de uma revolução das redes financeiras. O progresso significativo da tecnologia das comunicações e as expectativas das instituições bancárias em desenvolver novas opções lucrativas que, simultaneamente, evitem as instâncias de controlo e satisfaçam economicamente as solicitações crescentes das grandes empresas transnacionais, favorecem consideravelmente as condições para o branqueamento de dinheiro pelas organizações ilegais, por forma a esconder a sua origem e legitimar a sua detenção[181].

O crime de Branqueamento de Capitais, até pelo seu *modus faciendi*, implica a utilização de meios sofisticados e envolve, nas suas manifestações mais impressivas, vastas redes de contatos e de transações que culminam por ultrapassar as fronteiras[182]. É um processo onde somente a partida é perfeitamente identificável, não o ponto final; e a finalidade deste processo não é somente ocultar ou dissimular a origem delitiva dos bens, direitos e valores, mas igualmente conseguir que eles, já lavados, possam ser utilizados na economia legal.

---

[181] CABRAL (2007, p.13).
[182] CANAS (2004, p. 23).

O Branqueamento de Capitais, como já se sabe, tem como finalidade tornar lícito um bem ilícito e passa por um processo de ocultação, consistente em três fases: colocação (*placement*), camuflagem (*layering*) e integração *(integration)*.

O processo de colocação consiste na introdução de bens ou produtos, em geral dinheiro, em algum ponto do circuito financeiro e econômico legal (*v.g.* um banco, uma casa de câmbio, uma casa de investimento), com a finalidade de libertar-se do volume de notas [183]. Nesta etapa, uma das técnicas mais conhecidas e utilizadas internacionalmente é o fracionamento de grandes quantias em valores menores, sendo que ao serem depositados em instituições financeiras livram-se do dever legal de informar a procedência do dinheiro, estando, assim, livre de fiscalização, o que corresponde à técnica de *smurfing* ou *Schtoumpfage*[184]. Dessa forma, deposita-se o dinheiro em uma conta bancária. Grandes quantidades de dinheiro são repartidas para obter montantes menores e menos suspeitos, depositando-se em diferentes agências de uma mesma instituição financeira ou podem ser depositados em várias instituições financeiras.

Os fundos ilegais podem ser transformados em instrumentos financeiros, *v.g.* vales postais ou cheques, misturando-se com fundos legítimos para desviar suspeitas. A colocação, também, pode ocorrer por meio da compra de moeda, de títulos ou de formulários de contratos, sendo que em locais turísticos, a troca de moeda pode ocorrer em pequenas quantidades e o contrabando de dinheiro em espécie. Nessa fase, são utilizadas pessoas interpostas ou identidades falsas, que são chamadas de "laranja, testa de ferro, *straw man* ou *presta nombre* para ocultar a titularidade do produto de um crime"[185].

Por intermédio de doleiros, também, é realizada a transferência de valores à margem do sistema financeiro oficial.

E, na camuflagem, efetuam-se operações sucessivas (camadas – *layering)* de transformação ou de transferência daquele dinheiro, com a finalidade de tornar difícil a identificação

---

[183] CANAS (2004, p. 21).
[184] BONFIM e BONFIM (2008, p.37).
[185] MORO (2010, p. 49).

da origem e o rasto. Com a realização de diversas e sucessivas transferências para outras contas ou instituições financeiras, de outras pessoas e em outros países, torna-se praticamente impossível identificar a origem do dinheiro[186]. Aqui, os fundos, o título ou os contratos de seguros são convertidos ou colocados em outras instituições, com a finalidade de afastar a sua origem criminosa.

O branqueador pode dissimular a transferência na compra de produtos ou serviços ou transferir os fundos para uma sociedade de fachada (*v.g. offshores* ou *shell corporations*).

Destaca-se que, na camuflagem, o produto do crime não é ocultado em nome de pessoas interpostas ou de identidades falsas, ocorrendo apenas a dissimulação da origem criminosa dos bens mediante a falsificação de fontes de rendimentos lícitos, *v.g.* heranças, financiamentos, doações[187].

Por fim, na integração faz-se a utilização de bens e produtos já lavados. Nas atividades ilícitas, o dinheiro pode ir, desde a compra de bens de luxo, valores imobiliários e órgãos de comunicação social, até ao investimento em atividades econômicas[188]. Nesta etapa, tem-se como destaque a constituição de empresas de fachada, as quais podem realizar negócios imobiliários[189], emitir falsas faturas de importação e exportação, bem como simular créditos, já que os próprios agentes emprestam a si mesmos o dinheiro lavado, fingindo uma operação aparentemente legítima[190].

As sociedades de fachada localizam-se, em geral, em jurisdições *offshore* ou em paraísos fiscais.

Esclarece o autor Vitalino Canais que, na primeira fase do processo de Branqueamento de Capitais, não é possível verificar se o fato ilícito típico subjacente foi praticado no interior de uma instituição financeira, bem como se foram utilizados os mecanismos financeiros normais, uma vez que o funcionário que comete fraude, desviando pequenas somas de contas a

---

[186] CANAS (2004, p. 21).
[187] MORO (2010, p. 49).
[188] CANAS (2004, p.21).
[189] Os investimentos imobiliários constituem um dos mais importantes mecanismos para branquear dinheiro.
[190] BONFIM e BONFIM (2008, p. 35).

seu cargo para uma conta sua, começará o Branqueamento de Capitais pela segunda fase[191]. Complementa, ainda, que a última já não integra verdadeiramente o processo de Branqueamento, posto que, "chegados, os capitais já estão camuflados e prontos para um uso de natureza lícita"[192].

Embora o dinheiro proveniente de origem ilícita esteja branqueado, preparado para um uso lícito, tal fato não tem o condão de afastar a destinação para uma origem ilícita.

Importa destacar que o modelo de fase do Branqueamento de Capitais descrito supra, refere-se ao modelo apresentado pelo GAFI (Grupo de Ação Financeira Internacional). Já o modelo apresentado pelo primeiro autor a estudar o Branqueamento, o suíço Paolo Bernasconi, seguiu em apenas duas fases. Segundo ele, a primeira consiste no *laundering,* etapa que tem por finalidade fazer desaparecer qualquer indício que possa ligar os bens, direitos ou valores a sua origem delitiva[193]; e a segunda e última etapa, *recycling,* consiste na fase que visa a reintegrar aqueles bens, direitos ou valores na economia legal, confundindo a parte lícita com a ilícita[194].

Portugal, assim como muitos países da União Europeia, é um país de Branqueamento de Capitais, o qual se efetua por meio de banqueiros, instituições financeiras, consultores financeiros, entre outros, ocorrendo a realização do processo por meio de empresas respeitáveis ou fantasmas, com a emissão de faturas falsas, extratos adulterados e outras atividades fictícias que permitem aparentar uma atividade lucrativa[195].

A globalização do sistema financeiro, o qual possibilita a realização de transações em curto espaço de tempo, contrasta com a justiça penal nacional, porquanto esta poderá demorar meses ou até anos para investigar e tentar reconstruir o caminho utilizado para o Branqueamento de Capitais[196]. Nessa linha, os criminosos beneficiam-se da facilidade de movimentação de capitais, dos progressos tecnológicos, do aumento da

---

[191] CANAS (2004, p.22).
[192] CANAS (2004, p.22).
[193] BONFIM e BONFIM (2008, p. 35).
[194] BONFIM e BONFIM (2008, p. 35).
[195] FERREIRA e CARDOSO (2006, p. 625).
[196] GODINHO (2001, pp. 44/45).

mobilidade de pessoas e bens, bem como da significativa diversidade de disposições jurídicas nas diversas jurisdições[197].

O Branqueamento de Capitais faz com que os bens ilegítimos se tornem bens legítimos e sejam usados na aquisição de bens lícitos, até mesmo para financiar novas operações criminosas.

3.2.4 O bem jurídico protegido no delito de Branqueamento de Capitais

O autor Germano Marques da Silva diz que na lei portuguesa o bem jurídico tutelado pelo crime de Branqueamento de Capitais é a realização da justiça, o que se extrai pela leitura do artigo 368- A, no Capítulo III, do Título V, do Livro II do Código Penal Português[198]. Complementa, ainda, como bens jurídicos protegidos pela "incriminação do branqueamento os mesmos bens tutelados pelos crimes designados na incriminação, os chamados crimes antecedentes, a ordem econômica financeira e a realização da justiça"[199].

Por outro lado, aceitando-se a teoria do bem jurídico, tem-se três correntes sobre o bem jurídico tutelado. A primeira, sustenta que as condutas afetam o mesmo bem jurídico do delito antecedente, apenas prolongando e aumentando a lesão anterior. Dessa forma, no caso do Branqueamento de Capitais, proveniente de tráfico ilícito de drogas, o bem jurídico protegido seria a saúde pública e assim sucessivamente quanto aos demais delitos antecedentes[200].

A doutrina majoritária entende que o objeto da tutela jurídica nos crimes de Branqueamento de Capitais é diverso daquele que é protegido no delito antecedente. Ainda assim, permanecem as divergências entre aqueles que consideram que

---

[197] GUIA LEGISLATIVO PARA A APLICAÇÃO DA CONVENÇÃO DAS NAÇÕES UNIDAS CONTRA A CRIMINALIDADE ORGANIZADA TRANSNACIONAL (2003, p. 33).
[198] SILVA (2007, p. 452).
[199] SILVA (2007, p. 452).
[200] BONFIM e BONFIM (2008, p. 30).

o bem jurídico protegido é a Administração da Justiça e o outro que o identifica como a ordem socioeconômica, expressão que aparece com diferentes denominações, cada qual reclamando a si o acerto da especificação técnica[201].

Por fim, a terceira corrente defende que são dois ou mais os bens jurídicos tutelados, porquanto o Branqueamento de Capitais é um crime pluriofensivo, podendo até se aceitar um dos bens como prevalente e outro como subsidiário[202].

O autor Godinho[203] sustenta que a doutrina entende que há vários bens jurídicos: o bem jurídico protegido pelo crime precedente; a ordem socioeconômica; a Administração da Justiça; e o interesse do Estado no confisco dos lucros do crime; mas o mais correto é a Administração da Justiça.

Em alguns ordenamentos jurídicos, compreende-se que o crime de Branqueamento de Capitais é um crime contra o patrimônio, sendo, então, este o bem jurídico protegido. O legislador português não se coaduna com este entendimento, uma vez que, ao inserir o crime no capítulo III do Código Penal, onde se encontram os crimes contra a realização da justiça, disse que o bem jurídico tutelado é a boa administração da justiça[204].

Atualmente, dissociando-se da ideia de que o bem protegido no crime de Branqueamento de Capitais é o mesmo que o do fato ilícito subjacente, este não tem mais viabilidade, porquanto ele lesa automaticamente bens jurídicos que não se confundem com os bens jurídicos tutelados pelo terrorismo, tráfico de drogas, lenocínio, entre outros.

A proteção que a lei penal quer dar a cada um desses delitos esgota-se na sua tipificação e punição quando ocorrer, uma vez que o bem jurídico protegido é lesado neste momento, independente da ocorrência do Branqueamento de Capitais[205].

Sobre o bem jurídico próprio do Branqueamento de Capitais, há duas concepções: *monistas e plurais*. As concepções *monistas* apontam na direção de que o bem jurídico protegido

---

[201] BONFIM e BONFIM (2008, pp. 30/31).
[202] BONFIM e BONFIM (2008, p. 31).
[203] GODINHO (2001, pp. 125/126 e 140).
[204] CANAS (2004, p. 15).
[205] CANAS (2004, p. 16).

é a administração da justiça. No entanto, há divergências, porquanto há quem dê relevo à tutela da pretensão estadual do confisco das vantagens do crime, o qual é lesado pelo Branqueamento de Capitais. Sustenta-se, também, que o Branqueamento de Capitais constitui obstrução à administração da justiça, por meio de dificuldades da investigação, identificação e punição dos criminosos (crimes subjacentes, que o direito valora autonomamente em relação ao bem jurídico protegido pela tipificação de cada um desses crimes)[206]. Já as concepções plurais, defendem que, partindo da observação e da afirmação de que a punição e a tipificação do Branqueamento de Capitais, não visam salvaguardar sempre o mesmo bem jurídico.

Explica-se que a tipificação que tem como fato ilícito o típico subjacente, a prática reiterada e organizada de crimes de alta rentabilidade (*v.g.* tráfico de drogas, evasão fiscal, entre outras fraudes) que visam dar uma aparência legal aos grandes recursos financeiros com a finalidade de controlar os setores vitais da economia e da política, bem como promover atos de terrorismo, não ficam pela simples ambição de tutela do bem da administração da justiça[207].

Sem embargo do que vem sendo dito, é interessante trazer a lição do autor Canas[208], o qual sustenta que, devido ao caráter transnacional, volumoso e altamente organizado que adquiriu o fenômeno do Branqueamento de Capitais, o bem protegido (acima de tudo) é o funcionamento dos sistemas políticos e econômico financeiros globais que é de cada Estado. Tal questão não implica dizer que o bem jurídico da boa administração da justiça se tornou irrelevante, "sendo também mediata ou imediatamente tutelado".

Por fim, menciona-se que o Branqueamento não é um crime de dano, mas um crime de perigo, "na medida em que pode não haver lesão efectiva do bem jurídico protegido, antes havendo perigo dessa lesão"[209]. Outrossim, é um crime de perigo abstrato, pois não se exige, caso a caso, o perigo real para

---

[206] CANAS (2004, p. 17).
[207] CANAS (2004, p. 19).
[208] CANAS (2004, p. 19).
[209] CANAS (2004, p. 20).

o bem jurídico tutelado, sendo, ainda, um crime de atividade e não de resultado. Com isso, importa ressaltar que a tipificação penal do Branqueamento de Capitais suponha que resultassem de comportamentos ilícitos, também puníveis criminalmente.

Assim, tem-se que, para haver Branqueamento de Capitais, teria que existir um crime anterior que proporcionasse ilicitamente ao seu autor proventos que, posteriormente ele, ou outrem, pretendessem camuflar.

Com efeito, o Branqueamento de Capitais é um crime derivado, de segundo grau ou de conexão, associando-se à criminalidade mais grave ou mais censurável, bem como é um crime formal e comum.

Inicialmente, as infrações subjacentes eram mais restritas, sendo, posteriormente, alargadas e, apesar de tal alargamento, a delimitação das infrações subjacentes ao Branqueamento de Capitais faziam-se por meio do método do catálogo, o que significa dizer que não se utilizava uma cláusula geral definidora de uma categoria de crimes, mas, sim, optava-se por uma lista ou enumeração taxativa de crimes subjacentes[210]. Este método sofreu uma evolução com a Lei n. 10/2002, de 11 de Fevereiro, adotando-se um sistema misto de catálogo conjugado com uma cláusula geral, a qual restou mantida pela lei atual.

Ademais, também se pode dizer que o Branqueamento de Capitais pode ser protegido de forma autônoma a um bem jurídico que vai além do protegido pela tipificação do fato ilícito típico subjacente, o que justifica em alguns casos a punição mais pesada do Branqueamento do que o fato ilícito típico subjacente. [211]

Consoante já visto, o Branqueamento de Capitais passou a ser introduzido no Código Penal Português pelo artigo 368, "A", por meio da lei de Branqueamento, estando no capítulo III (dos crimes contra a realização da justiça), do título V da parte especial. O legislador alterou a nomenclatura de Bran-

---

[210] CANAS (2004, p. 37).
[211] CANAS (2004, p. 38).

queamento de Capitais e passou a adotar a expressão Branqueamento de vantagens de proveniência ilícita (artigo 1ª da lei de Branqueamento). No entanto, em sede penal, a epígrafe escolhida é apenas o Branqueamento de Capitais.

O Branqueamento de Capitais pode ser cometido por qualquer pessoa singular, uma vez que não é crime específico, sendo cometido apenas por via de ação, porquanto não é um crime de resultado. Portanto, para prevenir o Branqueamento de Capitais, os Estados devem acentuar os esforços para reforçar a cooperação internacional e os seus mecanismos de investigação criminal. O combate ao crime de Branqueamento de Capitais é um dos mais complexos casos de prevenção e repressão criminal da atualidade, uma vez que, como se pode aferir, é de difícil prova.

Com a extensão da competência da Procuradoria Europeia ao crime transnacional (artigo 86, n. 04, do TFUE), a União Europeia poderá vir a perseguir eficazmente, evitando a propagação deste delito no seu território. É dessa forma, porque a União Europeia tem de ser dotada de mecanismos eficientes de prevenção e combate à criminalidade, não só contra os seus interesses mais amplos e no seu território[212].

O capítulo seguinte traz o Branqueamento de Capitais e a Procuradoria Europeia.

---

[212] SOUSA (2005, p. 75).

4. A PROCURADORIA EUROPEIA PREVISTA NO TRATADO DE LISBOA E O BRANQUEAMENTO DE CAPITAIS: LUTA E COMBATE À CRIMINALIDADE GRAVE TRANSNACIONAL

[...] o problema da Europa é que temos um mercado único, aberto, sem fronteiras – uma área vasta onde os terroristas se movem livremente, mas não os juízes e as policias. Penso que aí não há cooperação suficiente ao nível europeu[213].

4.1 SOBRE O TRATADO DE LISBOA

O Conselho Europeu de 21 e 22 de Junho de 2007, na Cidade de Bruxelas, decidiu convocar uma Conferência Intergovernamental para redigir um novo Tratado, o qual foi chamado de "Tratado Reformador"[214].

Adotando um mandado circunstanciado para a Conferência Intergovernamental, que delimitava a forma como deveria ser elaborado o Tratado, este incumbiu a Conferência Intergovernamental de introduzir alterações nos Tratados em vigor.

Após a aprovação do texto final do Tratado, pela

---

[213] Um *Think-tank* próximo do Partido Trabalhista de Tony Blair (KEHOANA, Daniel, no J.A.I.) SOUSA (2005, p. 116)

[214] Conselho Europeu de Bruxelas (Presidência), Conclusões da Presidência do Conselho Europeu de Bruxelas, 21 e 22 de Junho de 2007.

Conferência Intergovernamental (na sessão final da Conferência dos dias 18 e 19 de Outubro de 2007), o Tratado de Lisboa foi assinado pelos Estados-Membros no dia 13 de Dezembro de 2007, no Mosteiro dos Jerónimos, com a finalidade de por fim à Comunidade Europeia que passou a ser substituída por União Europeia, ganhando personalidade jurídica.

O Tratado de Lisboa[215], com personalidade reformadora, entrou em vigor no dia 1ª de Dezembro de 2009, podendo ser considerado um marco no processo de europeização, porquanto proporciona à União Europeia um quadro institucional mais estável e duradouro, consagrando seus instrumentos políticos, bem como a busca de uma política mais abrangente e eficaz para a preservação da vida ambiental.

O objetivo do Tratado de Lisboa é tornar a UE mais eficiente, dotada de instituições adaptadas a uma Europa alargada; mais próxima de seus cidadãos; mais eficaz e coerente no seu relacionamento com o mundo; e mais apta a responder aos desafios globais que se colocam neste início de século.

Com isso, tem-se que a grande inovação (que interessa para este estudo) do Tratado de Lisboa é o instrumento legislativo chamado Diretiva, pela qual a União estabelecerá regras mínimas de definição de infrações penais e sanções, assim como regras de processo penal, de transposição obrigatória para o ordenamento jurídico nacional.

Cumpre destacar que o Tratado de Lisboa nos direciona para o conhecimento real dos interesses comunitários, em especial, aos relativos à concretização do espaço de liberdade, segurança e justiça, por meio de uma cooperação judiciária em matéria penal. E, com ele, surge a discussão do que vem a ser o Tratado de Lisboa, seria o Tratado que estabelece uma Constituição para a Europa ou um novo Tratado?

O mandado da Conferência previa que o Tratado Reformador não tivesse caráter constitucional, tanto que todas

---

[215] Composto pelo TUE e pelo TFUE.

as expressões que levassem ao Tratado Constitucional seriam depuradas[216].

A imprudência semântica que condenou a proposta de uma Constituição para a Europa deu lugar a um exercício intencional de neutralização ideológica, com a eliminação meticulosa dos sinais conspícuos da forçada analogia a União e ao Estado, *v.g.*, desapareceu as referências aos símbolos da União e os atos normativos não identificados como leis e Decisões-Quadro; é utilizada a expressão Alto Representante da União para Negócios Estrangeiros e a Política de Segurança; a Carta dos Direitos Fundamentais da União constitui-se num texto autônomo; e, por fim, houve a relegação do Princípio do Primado para uma simples declaração[217]. Outrossim, substitui-se a expressão Constituição para o termo Tratado.

O Tratado de Lisboa é constituído por dois conjuntos de emendas aos tratados anteriores, consistindo numa revisão parcial da estrutura da União, ao contrário da revisão total prevista pelo projeto de Constituição[218].

Semelhantemente ao Tratado Constitucional, o Tratado de Lisboa teve como principais objetivos: aumentar a democracia na Europa; aumentar a eficácia da atuação da UE; e aumentar a capacidade da União de fazer face aos desafios globais, tais como as alterações climáticas, a segurança e o desenvolvimento sustentável[219].

A autora Carla Amado Gomes[220] sustenta que o Tratado de Lisboa não constitui uma reedição do Tratado Constitucional. Explica que, materialmente, apesar de muitas soluções inovadoras presentes no texto único substitutivo dos Tratados da União e da Comunidade Europeia (denominado Tratado Constitucional), reaparecerem no Tratado de Lisboa sob a forma de revisão dos Tratados anteriores, resultando em alteração e/ou atualização do texto convencional. E, no que pertine ao aspecto formal, a realidade do Tratado de Lisboa é

---

[216] PITTA e CUNHA (2008, p. 43).
[217] DUARTE (2010, p. 20).
[218] ÁLVARES (2009, p. 12).
[219] ÁLVARES (2009, p. 12).
[220] GOMES (2008, pp.09/10).

bem diversa da do Tratado Constitucional, porquanto este suprimiu a expressão da intenção "neutralizante" (do que resta) da soberania estadual ao cabo de 50 anos de integração, posicionando-se na continuidade das revisões anteriores[221].

Complementa a autora, enquanto que o Tratado Constitucional "assentava nenhuma existência e numa representação – o que era e o que simbolizava – o Tratado de Lisboa reduz-se apenas à sua existência, não envolvendo qualquer afirmação política dos (desgastados) modelos de configuração das soberanias estaduais dos seus membros"[222].

Nessa linha, arrisca-se dizer que o Tratado de Lisboa pode ser materialmente uma refundição do Tratado Constitucional. Mas não é, pois, formalmente, o Tratado Constitucional viria transmutar a União numa estrutura federal, com todas as consequências, sociais e institucionais, que tal mudança implicaria[223].

Algumas semelhanças existem, tanto é que, com o intuito de dar uma proteção jurídica internacional reforçada, desenvolveram-se meios eficazes para perseguir crimes e o Tratado de Lisboa, assim como o Tratado Constitucional, instituíram uma Procuradoria Europeia para combater as infrações lesivas dos interesses financeiros da União, com a possibilidade de extensão à criminalidade grave com dimensão transfronteiriça, como se verá a seguir.

4.2 A PROCURADORIA EUROPEIA NO TERRITÓRIO EUROPEU

Inicialmente, não se pode deixar de registrar que a criação de uma Procuradoria Europeia não é algo novo, sendo nova a sua implantação em Tratado. Por esse motivo ela constitui-se em uma das grandes inovações do Tratado de

---

[221] GOMES (2008, p. 10).
[222] GOMES (2008, p.10).
[223] GOMES (2008, p.11).

Lisboa.

Como se pode aferir nesta pesquisa, desde 1997, por meio do *Corpus Iuris*, estudava-se a criação de um Procurador Europeu para proteger os interesses financeiros da União.

O Tratado Constitucional que não chegou a entrar em vigor, em seu artigo III, 274, já previa a possibilidade de criação de uma Procuradoria Europeia e, de acordo com este Tratado, a Procuradoria poderia vir a ser instituída por lei europeia, com a deliberação do Conselho por unanimidade, após a aprovação do Parlamento Europeu (artigo III, 274, n. 01).

A Procuradoria Europeia, neste tratado, seria criada a partir da *Eurojust* e teria competência para combater as infrações lesivas aos interesses financeiros da União, bem como, em inovação, a esta competência, também, poderia ser extensiva ao combate à criminalidade grave com dimensão transfronteiriça. No entanto, para que esta última premissa fosse possível, em sintonia com o artigo III, 274, n. 04, o Conselho deveria adotar, em simultâneo à criação da Procuradoria Europeia, uma decisão europeia alterando o n. 01 do artigo III, 274, com a finalidade de estender as atribuições da Procuradoria ao combate à criminalidade grave transnacional, alterando o n. 02, em relação aos autores e cúmplices dos crimes de natureza grave que afetam os Estados-Membros. Nessa linha, o Conselho deliberaria por unanimidade, após aprovação do Parlamento Europeu e após consulta da Comissão.

O Tratado de Lisboa, semelhantemente ao Tratado Constitucional, concretizou no artigo 86 do TFUE a Procuradoria Europeia, destacando que é possível, a partir da *Eurojust*, a criação de uma PE a ser adotada pelo Conselho (por meio de Regulamento adotado em sintonia com o processo legislativo especial) e por unanimidade, após aprovação do Parlamento Europeu (artigo 86, n. 01, do TFUE).

A teor do artigo 86, n. 04, do TFUE, o Conselho Europeu pode, em simultâneo ou posteriormente, adotar uma decisão que altere o n. 01, de modo a tornar as atividades da Procuradoria extensivas ao crime grave transnacional, assim como o n. 02 no que diz respeito à criminalidade grave transnacional.

A decisão do Conselho, para tanto, é chamada de cláusula *passarelle* (artigo 86, n. 04 do TFUE).

Sobre a possibilidade de uma Procuradoria Europeia para combater o crime organizado transnacional e o salto que representa para a União Europeia, o autor Lopes da Mota[224] assinala que é:

> [...] uma atitude de política criminal coerente e teleologicamente orientada em função de valores em que se baseia a União – dignidade da pessoa humana, respeito de direitos fundamentais e Estado de Direito -, merecedores de tutela penal, que obviamente ultrapassam os meros "interesses financeiros" da Comunidade.

O mencionado artigo supra, no n. 02, determina que a competência da Procuradoria Europeia é para investigar, processar judicialmente e levar a julgamento, eventualmente em articulação com a Europol, os autores e cúmplices das infrações lesivas dos interesses financeiros da União Europeia, determinadas no Regulamento a que se refere o n. 01. Complementa, ainda, que a Procuradoria Europeia exerce, perante os órgãos jurisdicionais competentes dos Estados-Membros, a ação pública relativa a tais infrações.

No n. 03, consta que os Regulamentos a que se refere o n. 01 definem o estatuto da PE, as condições em que esta exercerá as suas funções, as regras processuais aplicáveis as suas atividades e as que regem a admissibilidade dos meios de prova, bem como as regras aplicáveis à fiscalização jurisdicional dos atos processuais que a Procuradoria Europeia realizará no exercício das suas funções.

Com intervenção do Conselho Europeu, caso não se

---

[224] DA MOTA (2004, p. 114).

reúna por unanimidade, um grupo de pelo menos nove Estados-Membros pode solicitar que o projeto de Regulamento seja submetido ao Conselho Europeu, ficando suspenso o processo no Conselho. No prazo de quatro meses a contar da suspensão, após debate e havendo consenso, o Conselho Europeu remete o projeto para o Conselho para a sua adoção.

Ainda, em último caso e ocorrendo desacordo, há a possibilidade de um acelerador de urgência, oportunidade em que será procedida a autorização para realizar a cooperação reforçada. E, para proceder à cooperação reforçada, pelo menos nove Estados-Membros, com base no projeto de Regulamento, notificam o Parlamento Europeu, o Conselho e a Comissão.

Assim, em sintonia com o que foi descrito supra, surge o Regulamento para a criação da PE. E, em 12 de Outubro de 2017[225], o Regulamento (UE) 2017/1939 que instituiu a Procuradoria Europeia foi adotado pelos vinte (20) Estados-Membros[226] que aderiram à cooperação reforçada para a constituição da Procuradoria Europeia, que terá sede no Luxemburgo. Constituída a Procuradoria Europeia, esta tem por finalidade a investigação e a perseguição judicial[227], perante os tribunais nacionais, dos autores e cúmplices das infrações lesivas aos interesses financeiros da União, determinadas no Regulamento instituitivo, ocasião em que reunirá os esforços europeus e nacionais de aplicação da lei para combater a fraude em detrimento da União Europeia. Com

---

[225] Comunicado de Imprensa 580/17 de 12.10.2017 (*Press Office – General Secretarial of the Council of the EU – www.consilium.europa.eu/press*).
[226] Alemanha, Áustria, Bélgica, Bulgária, Chipre, Croácia, Eslováquia, Eslovénia, Espanha, Estónia, Finlândia, França, Grécia, Itália, Letónia, Lituânia, Luxemburgo, Portugal, República Checa e Roménia.
[227] Eventualmente em articulação com a Europol. A Europol é o serviço europeu de polícia, a qual é responsável pelo tratamento e troca de qualquer informação criminal de modo a reforçar a cooperação entre os Estados-Membros na prevenção e combate a todas as formas graves de criminalidade organizada de dimensão internacional. Tem, ainda, como missão contribuir para a aplicação da legislação existente em matéria de combate à criminalidade organizada, responsabilizando diretamente as organizações criminais envolvidas (XAVIER (2007, p. 192)). Segundo o autor SOUSA (2005, p. 134), a Europol é um organismo comunitário que tem por missão implementar a cooperação policial com e entre todas as autoridades competentes dos Estados. Diz-se que esta cooperação tem por objeto a prevenção e a luta contra as formas graves de criminalidade que afetam dois ou mais Estados-Membros.

isso, sendo aplicado o Direito Penal dos Estados-Membros, a Diretiva (UE) 2017/1371 que criminaliza atos ou omissões dos interesses financeiros da União Europeia e determina as sanções aplicáveis deverá ser transposta para o sistema jurídico nacional.

O Regulamento que instituiu a PE é o responsável por definir o estatuto e as condições de atuação de suas funções, as regras processuais aplicáveis as suas atividades e a admissibilidade dos meios de provas, assim como as regras que serão aplicadas à fiscalização jurisdicional dos atos processuais do exercício das atividades da Procuradoria.

A data em que a Procuradoria Europeia assumirá as suas funções de investigação e de ação penal será fixada pela Comissão, com base em uma proposta que o Procurador-Geral Europeu apresentará.

Outrossim, em atenção ao crime objeto deste estudo, cumpre informar que, além de investigar e perseguir autores e cúmplices de infrações lesivas aos interesses financeiros da União, a Procuradoria tem, como já se viu, competência para investigar e perseguir autores e cúmplices de crime organizado grave transnacional, o qual deverá ser um próximo passo para as suas atribuições.

De outra forma não poderia ser, pois o artigo 86 do Tratado de Lisboa apenas faz referência ao tipo de crime que a Procuradoria Europeia terá competência para combater, assim como o que ela deverá fazer para combater os crimes. Porém, o Tratado de Lisboa deixou de mencionar as questões fundamentais do funcionamento da Procuradoria Europeia, no que pertine às condições de seu funcionamento (incluindo o estatuto deste novo órgão), regras processuais aplicáveis nos crimes em que atuará, regras de admissão de provas e regras a serem consideradas para fiscalização jurisdicional dos atos deste órgão.

Assim, será por meio de Regulamento que tais questões poderão ser dirimidas.

4.3 COMPETÊNCIA MATERIAL DA PROCURADORIA EURO-PEIA

Sustenta o autor Mario Ferreira Monte que "[...] a realização do direito não passa pela mera aplicação de normas, mas convoca uma verdadeira "criação" do direito traduzida na construção de uma solução justa ao caso concreto"[228].

O crime de Branqueamento de Capitais não foi escolhido por acaso nesta pesquisa, mas, sim, porque ele é um crime grave transnacional que tem o condão de lesar (indiretamente) os interesses financeiros da União Europeia e do cidadão enquanto ser individual.

Quando se pensou numa Procuradoria Europeia, sempre veio a ideia de que deveria existir para proteger os interesses financeiros da União Europeia, tanto que assim dispôs o Livro Verde e o Projeto do *Corpus Iuris*[229], e hoje se concretiza com o Regulamento (UE) 2017/1939 do Conselho. Posteriormente, com a expansão da criminalidade organizada e a instabilidade que esta causa à segurança no território europeu, houve a possibilidade de um alargamento da competência da Procuradoria Europeia. Entretanto, insta mencionar que a instituição da Procuradoria Europeia não implica alargamento das competências materiais da UE.

O Branqueamento de Capitais teve espaço no Livro Verde[230], porquanto mencionou que este delito se encontra em sintonia com o artigo 6º da proposta de Diretiva e artigo 1º do segundo protocolo da Convenção PIF no que diz respeito à fraude e à corrupção, uma vez que a sua punibilidade está prevista para os casos de fraude e corrupção.

---

[228] MONTE (2008, p. 770).
[229] Assim, consta no Regulamento (UE) 2017/1939 do Conselho, de 12 de Outubro de 2017, que instituiu a Procuradoria Europeia.
[230] O Livro Verde menciona que existem conjuntos de infrações, os quais foram objeto de acordo entre os Estados-Membros em razão da proteção dos interesses financeiros (base da competência da Procuradoria Europeia), consistindo na fraude, na corrupção e no Branqueamento de Capitais associado. (Convenção PIF e respectivos protocolos adicionais e proposta da Diretiva de Maio de 2001).

Então, sabendo que no espaço europeu há uma fragilidade, o que gera uma grande preocupação em garantir um meio eficaz para combater a criminalidade, seja ela em razão dos interesses financeiros da União ou mesmo do crime grave transfronteiriço, impõe-se à Procuradoria Europeia a tarefa de suprir as necessidades para garantir aos seus cidadãos um espaço de segurança, liberdade e justiça.

Os Estados-Membros possuem plena ciência de que as liberdades de circulação de pessoas, bens e capitais inerentes ao Mercado Comum facilitaram e facilitam o avanço da criminalidade transnacional, tornando inoperantes os meios nacionais, por si próprios, para conter o crime[231], fato que tornou possível a extensão da competência da PE.

O autor Mário Ferreira Monte sustenta que, quanto mais crescer a União Europeia, em detrimento a perda de soberania de cada Estado, mais necessidade haverá de estabelecer um corpo de normas que sancione as atividades violadoras daquelas normas, o que leva a crer que o futuro do Direito Penal na União Europeia passa pelo futuro desta[232].

De efeito, com o intuito de superar a existente fragmentação do espaço penal europeu, a inadequação dos métodos clássicos de cooperação judiciária entre os Estados-Membros, a resposta à falta de seguimento judicial aos inquéritos administrativos efetuados pelo OLAF, reforçando a organização e eficácia dos inquéritos no interior das instituições comunitárias[233], clama-se por um órgão com poder de combate eficaz.

E, no que pertine ao aspecto material (Direito Penal), há uma tendência para a unificação das normas mais especificas ou simplesmente a harmonização, podendo em outros casos, os quais são os mais numerosos, a aplicação do direito nacional.

O artigo 83 do Tratado de Funcionamento da União Europeia especifica os domínios base da criminalidade grave com

---

[231] SOUSA (2005, p. 75).
[232] MONTE (2003, p. 726).
[233] SOUSA (2005, p. 64).

dimensão transfronteiriça que podem ser abrangidos por medidas de harmonização, estando o Branqueamento de Capitais entre os crimes contemplados por este artigo.

Com a Procuradoria Europeia, a legislação própria para a sua atuação, presente no Regulamento (UE) 2017/1939 do Conselho (de 12 de Outubro de 2017), possibilita uma atuação eficaz dentro do espaço europeu sem vinculação aos Estados-Membros para perseguir os crimes previstos na Diretiva (UE) 2017/1371 (transposta para o direito nacional). Nessa linha, impõe-se a extensão das atribuições da Procuradoria com competência material ao crime transnacional grave - Branqueamento de Capitais - e competência processual, de acordo com o tópico a seguir.

4.4 A COMPETÊNCIA PROCESSUAL PENAL DA PROCURADORIA EUROPEIA

Criada a Procuradoria Europeia, a partir da *Eurojust*, será competente (também) para processar judicialmente e levar a julgamento, perante os órgãos jurisdicionais competentes dos Estados-Membros, os autores, assim como os seus cúmplices da criminalidade grave com dimensão transnacional, exercendo, neste caso, ação pública.

A Procuradoria exercerá ação penal nos tribunais dos Estados-Membros, sendo a sua competência relativa às regras processuais já definidas no Regulamento (UE) 2017/1939 do Conselho, de 12 de Outubro de 2017.

No processo penal, há o respeito aos direitos fundamentais, baseado no Princípio do Reconhecimento Mútuo das medidas de investigação previstas no direito nacional eventualmente harmonizadas a nível europeu, sob o controle de um juiz de liberdades.

Igualmente, o regime de admissibilidade de provas, será vinculado às provas recolhidas num Estado-Membro, as quais devem ser admitidas pelas jurisdições de qualquer outro Estado-Membro.

É assegurado à Procuradoria Europeia um intercâmbio de informações no plano europeu e internacional, no que respeita à proteção de dados, nos termos da lei comunitária (Regulamento (UE) 2017/1939 do Conselho), já que ela é um órgão da União.

A organização das jurisdições e a fase de julgamento e a execução das penas seriam regidas pelo direito nacional, sob reserva do princípio do exercício da ação pública pelo Procurador Europeu.

Os sistemas jurídicos nacionais revelam-se, por si só, pouco capazes de dar resposta ao caráter transnacional da fraude comunitária, devido ao Princípio de Territorialidade e a diversidade das regras de admissibilidade da prova[234]. Neste caso, fundamental o papel acelerador da *Eurojust* para a cooperação entre os Estados-Membros em matéria de criminalidade transfronteiriça e criminalidade organizada em geral. Entretanto, não constitui uma resposta suficientemente enérgica em face de uma criminalidade orientada contra a Europa[235].

O autor Alfredo José de Sousa sustenta que a Procuradoria Europeia é a inovação mais ousada em matéria de construção do espaço de liberdade, segurança e justiça, advertindo que, para isto, é necessária a aproximação das legislações nacionais, na confiança mútua entre as autoridades competentes dos Estados-Membros e na respectiva cooperação operacional[236].

Contudo, a fim de garantir a eficácia da Procuradoria Europeia, deve ser assegurado o reconhecimento e a execução de todas as formas de sentenças e decisões judiciais de um Estado-Membro em toda a União, assim como o estabelecimento de regras mínimas comuns sobre a admissibilidade mútua das respectivas provas e das bases comuns relativas à definição substantiva das infrações penais e das sanções[237].

---

[234] SOUSA (2005, p. 165).
[235] SOUSA (2005, p. 169).
[236] SOUSA (2005, p. 153).
[237] SOUSA (2005, p. 153).

Destaca-se que pareceu ser inevitável com a Procura-doria Europeia a criação de normas processuais específicas para a sua ação e a criação de outros órgãos de suporte do seu trabalho. Os poderes que se atribuem à Procuradoria Europeia são difíceis de desempenhar sem a existência de um conjunto de normas processuais que legitimem a sua atuação e para tal não parecem suficientes as normas internas de cada Estado-Membro.

A própria compatibilização da presença do Procurador Europeu com os procuradores nacionais necessita de normas processuais para este fim, viabilizando, também, a atuação da Procuradoria nos processos internos que envolvam interesses europeus.

Com isso, o Regulamento (UE) 2017/1939 do Conselho (de 12 de Outubro de 2017) estabelece o funcionamento da Procuradoria Europeia para combater (inquirir e exercer a ação penal), num primeiro momento, apenas os crimes lesivos aos interesses da União Europeia no âmbito da fraude do IVA su-perior a 10 milhões de euros[238] que, de acordo a ficha informa-tiva da Comissão Europeia, custa anualmente cerca de 50 mil milhões de euros de receitas para os orçamentos nacionais.

A Procuradoria Europeia que é uma instituição da União Europeia, independente e descentralizada, funcionará como instância única em todos os Estados-Membros participantes, conjugando esforços europeus e nacionais na aplicação da lei.

4.5 SUCINTA EXPLANAÇÃO SOBRE O MOTIVO DE UMA PROCURADORIA EUROPEIA

A adoção de uma Procuradoria Europeia na União não significa que um Estado-Membro terá que abdicar de seu sistema penal ou que será criado um sistema penal comunitário. A proposta da Procuradoria veio para preencher

---

[238] Artigo 22, n. 01, do Regulamento (UE) 2017/1939 do Conselho, de 12 de Outubro de 2017.

uma lacuna específica consistente até, então, no Tratado que estava em vigor, uma vez que visa criar um instrumento suplementar que se articule harmoniosamente com os ordenamentos jurídicos nacionais devido à instituição de procuradores europeus delegados, com sede nos seus Estados-Membros[239].

A intenção é dar a possibilidade de as jurisdições nacionais julgarem efetivamente uma boa parte da criminalidade que é transnacional no domínio comunitário, já que a repressão isolada se torna inócua[240]. Considerando que cada Estado-Membro tem um Direito Penal diferente, a ideia de uma Procuradoria Europeia é constituir uma interface entre o nível comunitário e as autoridades judiciais nacionais com direção centralizada da investigação e da ação penal com vista a assegurar um meio eficaz em toda a União Europeia, como determina o Tratado de Lisboa.

O autor Sánchez sustenta que a criação de uma Procuradoria Europeia tem como finalidade obrigar os Estados-Membros a proteger os interesses financeiros da União Europeia, sendo que o mesmo se verifica no artigo 325 do TFUE (pela técnica da assimilação)[241]. De outra forma não poderia ser, porquanto os interesses financeiros da União não estão suficientemente protegidos, consistindo a fraude transnacional (em matéria de IVA) em perdas para os orçamentos nacionais.

Sabe-se que, atualmente, o Ministério Público tem um papel central no processo de construção europeia e a PE veio para "suprir o défice de legitimidade do OLAF e garantir a sua eficácia"[242]. Isso significa dizer que o OLAF, por si só, não tem as condições de combater a fraude e a criminalidade, necessitando de apoio para tanto.

De acordo com o Livro Verde, a ideia de uma Procuradoria Europeia (então designada por um Procurador Europeu), nasceu da necessidade de resolver uma contradição presente na União Europeia, a qual se tornou injustificável em razão da

---

[239] COMISSÃO DAS COMUNIDADES EUROPEIAS (2001, p. 26).
[240] COMISSÃO DAS COMUNIDADES EUROPEIAS (2001, p. 26).
[241] SÁNCHEZ (2008, p. 371).
[242] SOUSA (2005, p. 171).

compartimentação do território das Comunidades e pela gravidade dos delitos, citando-se os efeitos lesivos aos interesses comuns[243].

O autor Alfredo José de Sousa[244] diz que a Procuradoria Europeia tem nascimento no âmbito da política de combate às infrações lesivas aos interesses financeiros da Comunidade, bem como que o Procurador Europeu seria detentor de um poder de direção e de exercício de ação penal pública num domínio de competências mais restritas, sendo que tal competência teria como finalidade instruir processos crimes em toda a União Europeia, assim como requerer o seu julgamento em qualquer Estado-Membro.

Com o Tratado de Lisboa, surge a possibilidade de concretizar o desejo da União Europeia para o fim de ser criado um Direito Penal comunitário para uma melhor atuação da Procuradoria Europeia.

Dessarte, o que se quer com a implantação desse novo órgão é encerrar a era da cooperação judiciária para dar lugar a um espaço comum real de justiça, porquanto não é possível, ainda, a unificação do Direito Penal. E, a harmonização pela cooperação judiciária não tem sido muito eficaz para conter o avanço da criminalidade transnacional, em especial o Branqueamento de Capitais.

4.6 A ATUAÇÃO DA PROCURADORIA EUROPEIA E SEUS ÓRGÃOS DE APOIO

A Procuradoria Europeia atuará no espaço penal europeu de forma descentralizada e dentro dos limites dos Princípios da Subsidiariedade e da Proporcionalidade (observando o Princípio da Legalidade), uma vez que a Comissão previu um mínimo para o seu bom funcionamento, sendo por meio de Re-

---

[243] COMISSÃO DAS COMUNIDADES EUROPEIAS (2001, pp. 24/25).
[244] SOUSA (2005, pp. 170/171).

gulamentos o desenho de seu perfil. Outrossim, ela deve prosseguir de forma independente dos Estados-Membros e instituições da UE, sendo que suas ações devem ser regidas pelo Princípio da Imparcialidade[245].

Consoante já restou demonstrado, a Procuradoria Europeia, a teor do Tratado, tem competência instrutória em todos os Estados-Membros para processar e levar a julgamento, não apenas os autores e cúmplices das infrações lesivas, mas, também, a criminalidade grave transfronteiriça, atuando no espaço penal europeu com eficácia. Nessa linha, a Procuradoria deverá exercer competências de investigação em todo o território da União Europeia com poderes idênticos em todos Estados-Membros participantes, bem como deverá resultar da transformação da *Eurojust*, por etapas.

A PE terá a sua disposição, para perseguir o crime transnacional, leis penais e processuais nacionais, as quais seriam aplicadas tanto no território nacional como no espaço da União Europeia, em sintonia com normas constitucionalmente aceitas e princípios comuns (Convenção Europeia dos Direitos do Homem), *v.g.* o auxílio judiciário mútuo[246].

A Procuradoria Europeia será um Ministério Público independente e altamente especializado, consoante já explanado. Nesse diapasão, os Procuradores Europeus levarão a efeito os seus inquéritos em todos os Estados-Membros participantes, de uma forma coordenada, procedendo com celeridade ao intercâmbio de informações; e atuando conjuntamente nas investigações, congelando ou apreendendo bens rapidamente. E, caso necessário, poderá requerer a detenção de suspeitos de crimes, no âmbito de uma estratégia europeia comum de investigação e ação penal.

A PE recorrerá às capacidades dos Estados-Membros e partilhará conhecimentos especializados em domínios como os da criminalidade, fiscalidade, contabilidade e informática, bem

---

[245] Como exceção justificável, pela necessidade de assegurar a eficácia da Procuradoria Europeia, tem-se no Princípio da Remissão para o direito nacional o recurso ao direito comunitário.

[246] DA MOTA (2007, p.166).

---

como assegurará canais para uma comunicação harmoniosa, sem barreiras linguísticas.

As leis nacionais romperão fronteiras e serão leis europeias no que diz respeito a sua aplicabilidade e eficácia no território europeu, pois não detém apenas os órgãos de soberania, mas são influenciadas ou exigidas por leis europeias que podem resultar de atos da União Europeia, relativamente aos domínios em que o Direito Penal sofre influência do direito comunitário; ou, ainda, de atos adotados no âmbito da cooperação entre os Estados-Membros[247].

Os investigadores da Procuradoria Europeia[248], com procedimentos próprios dela, irão superar a morosidade e a complexidade que caracterizam a cooperação pontual entre as diversas autoridades nacionais, porquanto irão dispor de uma perspectiva mais ampla da situação em causa.

Por fim, às jurisdições nacionais competirão o julgamento definitivo segundo o seu próprio ordenamento jurídico, com a decisão tendo eficácia sobre todo o espaço judiciário europeu. Isso deve-se ao Princípio da Territorialidade, porquanto o conjunto dos territórios dos Estados-Membros da União constitui um espaço judiciário único para efeitos de investigação, julgamento e execução de todas as decisões jurisdicionais, incluindo a sentença final relativamente àqueles euro crimes[249].

Vale observar que ao Conselho, antes de criar e definir a competência da Procuradoria Europeia, foi sugerido ponderar a eficácia e o funcionamento da *Eurojust*[250], em geral e em especial, quanto à abertura de investigações criminais e propositura de instauração de ações penais relativas às infrações lesivas dos interesses financeiros da União; e a oportunidade de atribuir à Procuradoria Europeia as competências relativas a

---

[247] DA MOTA (2007, p.167).
[248] Os Magistrados do Ministério Público poderão continuar a exercer suas funções de Magistrados do Ministério Público nacional, porquanto terão competência dupla.
[249] SOUSA (2005, p. 65).
[250] Em razão das competências da *Eurojus*t, será habilitada a intentar ações criminais perante os tribunais nacionais, o que inclui, não somente as infrações lesivas aos interesses financeiros, mas também ações relativas à criminalidade transnacional.

estas infrações ou também a demais criminalidade grave de competência da *Eurojust*[251].

A seguir, será apresentado o OLAF e a *Eurojust,* os quais atuarão em conjunto com a Procuradoria Europeia.

4.6.1 Organismo Europeu de Luta Antifraude - OLAF

Antes de falar sobre o OLAF, mostra-se oportuno mencionar que a Unidade de Coordenação da Luta Antifraude (UCLAF) foi apresentada no Relatório da Comissão (COM (87) 572) em 20 de Novembro de 1987 e foi posta em funcionamento em Julho de 1988. Ela foi criada para desempenhar a função de apoio à Comissão, quer no processo legislativo no domínio da luta antifraude, quer na execução da política de supervisão e assistência aos sistemas nacionais, nomeadamente em matéria de recolha e troca de informações[252].

Sendo a UCLAF[253] alvo de severas críticas, porquanto não apresentou resultados satisfatórios para conter a fraude, como resposta às observações do Relatório Especial n. 8/98 do Tribunal de Contas, o Parlamento Europeu aprovou, em outubro de 1998, a Resolução Bosch sobre a independência e o papel da UCLAF, tendo esta Resolução do Parlamento projetado a OLAF, a qual veio para substituí-la.

O Organismo Europeu de Luta Antifraude, conhecido por OLAF, foi instituído por meio de Decisão da Comissão, em 28 de Abril de 1999 (JO L 136 de 31.5.1999). O OLAF foi colocado sob a direção de um Diretor designado pela

---

[251] SOUSA (2005, p. 150).

[252] SOUSA (2005, p. 23).

[253] A UCLAF, em Maio de 1998, foi transformada na *task force,* subordinada ao Secretario Geral da Comissão, conforme o autor SOUSA (2005, p. 32). Uma decisão da Comissão com data de Julho de 1998 conferiu a *task force* poderes de investigação, incidindo, além do mais, sobre casos de corrupção no seu interior, com maior independência de ação em conformidade com o pedido expresso do Parlamento na Resolução de 31.03.1998.

Comissão, após concertação com o Parlamento Europeu e com o Conselho pelo período de cinco anos renováveis[254].

A sua criação justifica-se na incapacidade ou, também, dificuldade dos operadores nacionais em tratar adequadamente as situações com pontos de contato em mais de um Estado, no que pertine à recolha e análise de informações. E, com a necessidade de troca de informações, foi necessária a criação de um mecanismo de centralização.

Igualmente, havendo irregularidades internas no que toca à criminalidade lesiva dos interesses financeiros, os serviços internos europeus possuem mais condições de detectar e investigar do que as autoridades nacionais, já que estão em conexão com a aplicação do direito comunitário e com as decisões das instituições.

Destaca-se que a OLAF exerce as competências da Comissão, previstas nos Regulamentos do Conselho ns. 2988/95 e 2185/96 em matéria de inquéritos administrativos externos no local dos Estados-Membros ou, até, de países terceiros na luta contra a fraude, corrupção[255] e quaisquer outras atividades ilegais lesivas aos interesses financeiros da União ou qualquer fato lesivo às disposições comunitárias.

Os inquéritos efetuados pelo OLAF, nos quais parte do procedimento consiste na recolha de dados, podem estar em papel ou em formato digital ou eletrônico.

Com esse objetivo, o OLAF vem fortalecer os meios de prevenção da fraude, sendo pedido a ele que exerça poderes da Comissão, resultantes das disposições aprovadas nos termos do Tratado[256].

Verifica-se que o OLAF é um mecanismo de defesa contra a fraude, uma vez que a proteção dos interesses financeiros faz parte de suas atividades, as quais compreendem a detecção e a monitorização da apropriação indébita de subsídios, a evasão fiscal e a fraude fiscal aduaneira sempre que o orçamento comunitário seja lesado e a luta contra a corrupção e outras atividades ilícitas possam

---

[254] SOUSA (2005, p. 39).
[255] SOUSA (2005, pp.39/40).
[256] DA MOTA (2005, pp. 169/170).

prejudicar os interesses[257].

Outrossim, é de salientar que a OLAF não é um órgão de polícia criminal, nem uma autoridade judiciária com competência para a investigação criminal, mas, sim, um órgão de atividade administrativa.

Com respeito às competências, o OLAF deve atuar em contato direto com as polícias e as autoridades nacionais[258], assim como, em razão de ser responsável pelas atividades operacionais da Comissão, deve prestar apoio técnico as autoridades nacionais competentes, em sintonia com o artigo 2ª do Regulamento n. 1073/99. E, do ponto de vista financeiro, nos anos setenta o principal sucesso da OLAF residiu num acordo entre a Comunidade (alguns Estados-Membros e produtores de cigarro dos EUA) que foi concluído, graças às atividades operacionais do OLAF.

Para o autor Daniel Flore[259], a OLAF tem como missão a informação, o apoio logístico, o apoio operacional e no operacional próprio, o que corrobora com o artigo 2ª da Decisão da Comissão (Regulamento n. 1073/99).

Quanto ao procedimento de investigação, tem-se que as investigações penais devem ser levadas a efeito pelas autoridades nacionais competentes, de acordo com as regras de procedimento penal nacionais, principalmente em relação à produção de provas[260]. Na linha do que dispõe o Regulamento n. 1073/99 (artigo 9ª), o OLAF ao encerrar as investigações administrativas deve elaborar relatórios, especificando os resultados, bem como indicar as propostas de ação subsequentes.

Por fim, existindo uma cooperação estreita entre o OLAF e a *Eurojust*, a qual, nos termos do artigo 4ª da Convenção, tem competência relativamente a tipos de criminalidade como a fraude, a corrupção e quaisquer infrações lesivas aos interesses da Comunidade Europeia (hoje União Europeia), é

---

[257] DA MOTA (2005, p. 170).

[258] O contato direto com as autoridades nacionais de perseguição penal constitui condição essencial para se desencadearem investigações e procedimentos penais eficazes.

[259] FLORE (2000, pp. 82/83).

[260] DA MOTA (2005, p. 170).

---

possível alcançar melhorias significativas no domínio das investigações transnacionais.

Em sintonia com o artigo 26 da Decisão *Eurojust*, o OLAF pode contribuir para o trabalho de coordenação da *Eurojust* em procedimentos penais e de investigação, podendo ser por iniciativa dela ou a pedido do OLAF, desde que as autoridades nacionais envolvidas não se oponham a tal participação (artigo 26, n. 04).

A Convenção de 29 de Maio de 2000 consolidou uma base legal que permite a *Eurojust* e o OLAF exercerem trabalho em conjunto na luta contra a criminalidade transnacional lesiva aos interesses financeiros da Comunidade. Embora seja insatisfatória a atuação do OLAF, tal fato deve-se à ausência de sanções penais por parte da UE, já que não dispõe de instrumentos para completar a investigação administrativa.

Assim, o Parlamento Europeu "entende que o OLAF deve ser encarado como uma autoridade independente em matéria de inquérito que coopere com a Europol, a *Eurojust,* a Rede Judiciária Europeia e que no futuro poderá cooperar com o Procurador Europeu"[261]. Contudo, em todas as ações em apoio à Procuradoria Europeia, o OLAF atuará independentemente da Comissão, em conformidade com o Regulamento (UE, Euratom) n. 883/2013 do Parlamento Europeu e do Conselho.

4.6.2 A Unidade Europeia de Cooperação Judiciária - *Eurojust*

Com a denominação de Unidade Europeia de Cooperação Judiciária, a *Eurojust* é um órgão *sui generis* da Organização Internacional da União Europeia, com sede em Haia na Holanda.

Criada no âmbito do terceiro pilar, dando seguimento a Conclusão n. 46 do Conselho Europeu de Tampere (na data de 28 de Fevereiro de 2002), por meio de decisão do Conselho,

---

[261] SOUSA (2005, p. 58).

foi criada a unidade definitiva da *Eurojust* que já estava em atividade e de forma provisória (*ProEurojust*), desde 01 de Março de 2001, a qual foi desde logo lotada de personalidade jurídica.

A *Eurojust* foi incorporada pelo Tratado de Nice no Tratado da União Europeia, por alteração dos artigos 29 e 31. E a personalidade jurídica justifica-se na necessidade de celebrar acordos próprios com os Estados na luta contra a criminalidade, a qual se torna necessária para prosseguir na intensificação da cooperação em matéria penal entre os Estados-Membros da União Europeia.

Ela é financiada a partir do Orçamento Geral e composta por membros destacados pelos Estados-Membros (sendo um por Estado e com a possibilidade de assistência), juízes, procuradores ou oficiais de polícia com competências equivalentes, consoante opção de cada sistema jurídico nacional. Nessa senda, são os Estados-Membros que decidem quantos e quais os adjuntos ou assistentes da representação de cada país que coadjuvam os membros principais, bem como os Estados-Membros, ainda, podem nomear correspondentes nacionais que constituem, junto da *Eurojust,* os pontos de contato privilegiados do membro nacional[262].

A *Eurojust* é reconhecida como o primeiro órgão europeu dotado de competências em relação às autoridades nacionais, o que significa dizer que ela possui capacidade para influenciar a ação destes, bem como pode interferir nos sistemas de justiças penais nacionais[263]. A competência dela é em todas as formas de investigação e ações penais relativamente ao crime grave de âmbito transnacional.

Cabe salientar que a *Eurojust* somente intervém para melhorar a coordenação das investigações e dos procedimentos penais, assim como para facilitar a prestação de auxílio judiciário mútuo em matéria penal (implicando dois ou mais Estados-Membros)[264].

A *Eurojust* exerce suas funções atuando por intermédio de um ou vários dos membros nacionais ou atuando no âmbito

---

[262] XAVIER (2007, p. 194).
[263] DA MOTA, (2004 p. 113).
[264] SOUSA (2005, p. 89).

de investigação e de procedimentos penais que impliquem dois ou mais Estados-Membros, de acordo com os crimes previstos na Decisão da *Eurojust* (artigos 5°, 6°, 7° e 3° da Decisão *Eurojust*).

A *Eurojust* pode solicitar às autoridades competentes dos Estados-Membros o início de uma investigação ou procedimento judicial por fatos precisos; que admitam que uma delas possa estar em melhores condições para dar início a uma investigação ou instaurar procedimento penal por fatos precisos; que se coordenem entre si; que criem uma equipe de investigação em conjunto; e que lhes forneçam todas as informações necessárias ao desempenho de suas funções.

Outrossim, não se pode deixar de ressaltar que a *Eurojust* tem a função de assegurar a informação recíproca das autoridades competentes dos Estados-Membros; ajudar estas autoridades a assegurar a melhor coordenação possível; contribuir para a melhoria da cooperação; cooperar com a Rede Judiciária Europeia e prestar apoio a Europol; prestar apoio à investigação e procedimentos envolvendo as autoridades de um único Estado Membro; transmitir pedidos de auxílio mútuo; e prestar apoio logístico.

A par do que foi exposto, verifica-se que a *Eurojust* vem suprir uma lacuna em matéria de cooperação judiciária, assim como instituir uma nova abordagem que visa organizar a cooperação no quadro da realização de um espaço de liberdade, segurança e justiça[265].

A principal função (a mais relevante) da *Eurojust* é a propositura da instauração de ações penais conduzidas pelas autoridades nacionais competentes e coordenar tais ações penais[266].

Segundo o autor Alfredo José de Sousa, pode-se afirmar que a *Eurojust* tem três grandes objetivos. O primeiro, repercute na melhoria, no estímulo e promoção da coordenação entre as autoridades nacionais. Este primeiro objetivo pode ser alcançado no âmbito das investigações e da ação penal envolvendo dois os mais Estados-Membros; por iniciativa própria da

---

[265] DA MOTA (2005, p. 165).
[266] SOUSA (2005, p. 143).

Eurojust na posse de informações; e a pedido de autoridades competentes (*v.g.* OLAF)[267]. O segundo tem repercussão na melhoria da cooperação judiciária entre as autoridades nacionais competentes de dois ou mais Estados-Membros, compreendendo o auxílio mútuo, a execução do mandado de detenção europeu e aos pedidos de extradição[268]. E, o último objetivo, diz respeito ao apoio geral às autoridades nacionais, garantindo a eficácia das investigações e da ação penal em que sejam partes dois ou mais Estados-Membros, o que inclui neste apoio crimes lesivos à proteção dos interesses financeiros da União[269].

A *Eurojust* situa-se numa área funcional que se identifica com o núcleo essencial das funções do Ministério Público, relacionadas com a promoção e a direção do Processo Penal na fase de investigação e com o exercício da ação penal[270].

Com a criação da Procuradoria Europeia, a *Eurojust* assistirá os Ministérios Públicos nacionais na cooperação e na coordenação relativas a cerca de 1.500[271] processos transnacionais (por ano), correspondendo a um instrumento que tem ajudado a restabelecer a confiança mútua, assim como harmonizar a ampla variedade de sistemas e tradições jurídicos da União Europeia.

É assim porque o crime internacional deve ser combatido de forma organizada e a responsabilidade é das autoridades policiais e judiciárias nacionais, cabendo à *Eurojust* prestar auxílio com a colaboração de seus parceiros europeus, o que hoje inclui a Procuradoria Europeia a fim de impor eficácia na realização do espaço penal europeu para promover uma abordagem transnacional dos fatos criminosos, por meio da coordenação entre as autoridades envolvidas.

Em 2013, foi proposta (pela Comissão) uma reforma da *Eurojust* com o objetivo de aperfeiçoar o seu funcionamento global e permitir que o seu colégio e seus membros nacionais

---

[267] SOUSA (2005, p. 192).
[268] SOUSA (2005, p. 193).
[269] SOUSA (2005, p. 193).
[270] DA MOTA (2007, p. 174).
[271] Informações obtidas na Ficha Informativa da Comissão Europeia.

se concentrassem em suas funções operacionais, de coordenação e incentivo à cooperação entre as autoridades judiciárias nacionais na luta contra a criminalidade transfronteiriça. Portanto, reformada, a *Eurojust* apoiará a Procuradora Europeia para combater a criminalidade que se apresenta.

A competência da *Eurojust* abrange todas as formas de criminalidade organizada e de crimes graves transfronteiriço, entre eles o Branqueamento de Capitais, que é objeto de estudo neste trabalho.

Com isso, os tribunais nacionais, por meio de seus juízes de direito comunitário, aplicarão aos crimes as infrações que estão incorporadas no ordenamento jurídico nacional sem que esta centralização de processos implique grandes alterações no sistema jurídico nacional[272].

Logo abaixo, será visto o caminho para a perseguição do crime de Branqueamento de Capitais.

4.7 QUAL O CAMINHO A SEGUIR PARA PERSEGUIR E COMBATER O CRIME TRANSNACIONAL – BRANQUEAMENTO DE CAPITAIS?

Prende-se à ideia da harmonização na concepção do Direito Penal como um instrumento de proteção, baseado na alegação do direito à segurança e no correspondente dever dos Estados em assegurar a segurança e a proteção dos seus cidadãos por meio da liberdade, da segurança e da justiça[273].

O Princípio da Harmonização da legislação penal interna garante que uma decisão judiciária de um Estado-Membro que possua uma legislação atualizada, confiável e direcionada para os fins da União siga os preceitos de direito internacional e comunitário, respeitando os direitos fundamentais (artigo 69, F, do TFUE).

---

[272] COMISSÃO DAS COMUNIDADES EUROPEIAS (2001, p. 26).
[273] VOGEL (2002, pp. 57/58).

A harmonização justifica-se no fato de que o Direito Penal dos Estados se mantém ligado ao território, estando adaptado ao indivíduo isolado, enquanto que o Branqueamento de Capitais (e qualquer outro crime transnacional) que circula em redes transfronteiriças, para ser combatido, exige o reforço da cooperação internacional, *stricto sensu* e a adoção de normas comuns (se não totalmente harmonizadas, pelo menos compatíveis entre si[274]).

Vale lembrar, no que diz respeito à harmonização, que não basta aproximar os elementos constitutivos das infrações penais e sanções, mas, sim, deve-se aproximar os procedimentos de que os operadores judiciários dos vários Estados-Membros fazem uso para que se desenvolva e mantenha um espaço de liberdade, segurança e justiça, capazes de dar aos cidadãos um elevado nível de proteção[275].

Com a finalidade de facilitar a aplicação do Direito Penal, desenvolveram-se formas de cooperação ao nível judiciário entre os Estados-Membros para ultrapassar os entraves existentes em razão das fronteiras e do Princípio da Territorialidade[276].

Quando se fala no Princípio da Harmonização (comunitária), tem-se que ele reflete a busca de uma identidade comum, numa "socialização da Europa", por meio do Direito Penal, referindo o seu potencial identificador a favorecer a "resistência" à americanização do Direito Penal europeu[277].

O autor Sotis entende que a harmonização poderia ocorrer por meio de uma "estratificación normativa", resultante de uma Diretiva (ato comunitário), a qual demanda uma penalização e uma lei nacional que ofereça esta penalização[278], que já ocorre com o Branqueamento de Capitais.

Sem embargo sobre isso, tem-se que, considerando que o Branqueamento de Capitais se operou pela via de sua internacionalização e que o "delinquente pode considerar o mundo

---

[274] DELMAS-MARTY (2004, p. 290).
[275] VALENTE (2006, p.14).
[276] WEYEMBERGH (2000, p. 141).
[277] RODRIGUES (2007, p. 86).
[278] SOTIS (2007, p. 114).

---

inteiro como um terreno de operação[279], a aproximação de diversos ordenamentos internos que se busca na concretização de um direito penal europeu envolve muitos problemas, porquanto se deve proceder a uma certa flexibilização na concretização de tratados em relação aos direitos internos"[280]. Segundo o autor, Thomas Seibert, a aproximação das leis criminais é um procedimento inevitável para a efetividade da proteção dos interesses financeiros da União Europeia a fim de garantir a aplicação da liberdade, da segurança e da justiça[281].

O Direito Penal unificado, criado por certas instituições comunitárias e aplicado, pelos menos em parte, por instâncias judiciárias europeias[282] tem o condão de propiciar um aumento do poder punitivo dos Estados, assim como da Procuradoria Europeia, evitando-se a emergência de "paraísos penais"[283].

Assim, diferente da unificação, a harmonização ganha relevância por ser a via mais adequada para a construção progressiva de uma política criminal europeia[284].

A cooperação em matéria penal avança para o fortalecimento das liberdades e das garantias processuais individuais, porquanto "o desenvolvimento gradual de um ordenamento penal europeu é preferível à imposição centralista de uma codificação unitária"[285].

O autor Pedro Caeiro[286] sustenta que a harmonização começou a ser vista como uma alternativa à unificação do Direito Penal e Processual Penal dos Estados-Membros, permitindo, assim, a eliminação das arestas e disparidades que impedem a realização de uma série de objetivos, estando entre eles incluída a proteção eficaz dos interesses financeiros e a cooperação judiciária. E, em matéria de crimes e penas, houve a evolução da harmonização para uma verdadeira aproxima-

---

[279] RODRIGUES (2008. p. 230).
[280] MONTE (2003, p. 721).
[281] SEIBERT (2008, p. 195).
[282] DIAS (2004, p. 305).
[283] KERCHOVE (2001, p. 119).
[284] VALENTE (2006, p.54).
[285] ROXIN, (2000, p. 13).
[286] CAEIRO, (2009, p. 78).

ção das legislações, a qual se deu por meio de Decisões-Quadro sobre o Branqueamento de Capitais, o terrorismo, os crimes sexuais contra menores e o ambiente.

A harmonização ajudaria a diminuir as diversidades na União Europeia, observando que a severidade da punição e a extensão das penas não é indicativo de que haja eficiência na prevenção e nem efetividade no sistema de justiça. A efetividade da cooperação pode depender da eficiência das autoridades em questão (nada relacionada com a harmonização das punições). Além disso, não há razões concretas que justifiquem a harmonização das penas, posto que não promove mais proteção, sendo necessária ou contribui para que os problemas da criminalidade sejam solvidos. E, por fim, o efeito simbólico nisso[287].

A harmonização apresenta-se mais vantajosa, pois promove uma maior aproximação entre os sistemas, porquanto facilita a cooperação e uma resposta progressivamente mais coerente no espaço europeu. No entanto, não sendo (por ora) possível a harmonização penal, utiliza-se o Princípio do Reconhecimento Mútuo (concretizado no Mandado de Detenção Europeu) como forma de cooperação judicial.

Entende-se por cooperação judiciária em matéria penal todo um conjunto de medidas e atos com vista à prossecução de certos e determinados objetivos em matéria penal, abrangendo o direito substantivo e processual dos Estados-Membros.

Em outras palavras, a cooperação judiciária penal é a que se estabelece entre as autoridades nacionais consideradas competentes pelos Estados-Membros para a cooperação, segundo a Convenção de Auxílio Judiciário Mútuo em Matéria Penal do Conselho da Europa (1959). Nesse contexto, tem-se que a cooperação traduz-se num conceito chave para o funcionamento da justiça e para a realização do espaço judiciário europeu, porquanto ela se processará em várias dimensões, tornando possível a criação de um sistema de organização ju-

---

[287] ELHOLM (2009, pp. 222/223).

diciária e dos sistemas penais dos Estados-Membros, envolvendo contatos pessoais, informais e diretos entre as autoridades judiciárias; assim como uma coordenação das autoridades competentes em matéria de investigação e exercício da ação penal referente à criminalidade transnacional[288].

O futuro da cooperação judiciária em matéria penal e a sua importância estará sempre dependente do grau de soberania que os Estados quiserem preservar. A cooperação exige que os Estados-Membros tenham ciência de que, para combater o crime transnacional com eficácia e garantir aos cidadãos um espaço de liberdade, segurança e justiça, a soberania penal deve ser partilhada. Com isso, tem-se que ela somente faz sentido enquanto houver pluralidade de sujeitos cooperantes e enquanto houver mais Estados, mais ou menos, soberanos[289], bem como (já dito) o grau de soberania que pretendem preservar.

Contudo, isso não significa que a cooperação judiciária em matéria penal se cinja apenas ao referido principio. O próprio TFUE prevê outras medidas que, embora não se insiram nele, contribuem para a cooperação judicial em matéria penal.

Pode-se, assim, dizer que a cooperação judiciária em matéria penal não se baseia exclusivamente no Principio do Reconhecimento Mútuo das sentenças e decisões judiciais, embora este assuma um papel especialmente relevante[290].

O Tratado de Lisboa assume, expressamente, como ponto central da cooperação judiciária em matéria penal, o Principio do Reconhecimento Mútuo das sentenças e decisões judiciais (ainda que inclua a aproximação das disposições legais e regulamentares apenas em certos domínios)[291]. Este principio assenta em noções de equivalência e de confiança, pelo que uma decisão tomada por autoridades num Estado-

---

[288] DA MOTA (2007, pp.154 e 156)

[289] CAEIRO (2009, p. 79).

[290] No que pertine à cooperação judiciária penal, o elemento chave era a afirmação do Princípio do Reconhecimento Mútuo das decisões judiciais e, ao mesmo tempo, a criação de normas mínimas comuns relativas à definição dos elementos constitutivos das infrações e das sanções aplicáveis.

[291] Art. 82°, n°1, primeira parte do TFUE.

Membro pode ser aceita enquanto tal num outro Estado- Membro.

As disposições relativas à cooperação judiciária em matéria penal estão previstas no Tratado de Funcionamento da União Europeia, no Capítulo IV do Título IV, o qual pressupõe a existência de medidas que afetam o Direito Processual Penal (artigo 82º do TFUE) e de medidas que atingem o Direito Penal substantivo (artigo 83º do TFUE).

A Procuradoria Europeia se assume como uma das mais relevantes inovações do Tratado de Lisboa no que diz respeito à cooperação judiciária em matéria penal, o que, segundo o autor Lopes da Mota, irá obrigar à criação de órgãos de suporte[292].

Portanto, para se alcançar esta cooperação judiciária, na qual se quer dar ao povo europeu um elevado grau de proteção, promovendo o Estado Democrático de Direito, a Procuradoria Europeia deverá encarregar-se de garantir a cooperação legislativa, no respeito pela segurança jurídica a fim de concretizar a realização do espaço judiciário[293].

De outra forma não poderia ser, porque há uma dificuldade na cooperação eficaz entre os Estados-Membros, a qual reside na diferença dos sistemas jurídico-penais, na incerteza quanto à jurisdição, no peso e na morosidade dos procedimentos relativos ao apoio judiciário, nos problemas linguísticos, na falta de recursos e na variação de prioridades.

De efeito, ao cabo do que se pode aferir, para que a Procuradoria Europeia possa realizar seu trabalho, é introduzido um sistema similar do Ministério Público nacional, buscando,

---

[292] "(...) a eventual criação da figura do procurador europeu apela ainda ao desenvolvimento de órgãos e entidades já existentes ou à criação de novos órgãos, bem como à regulação das relações entre eles, numa perspectiva de sistema, no que se refere à operacionalidade do procurador europeu e à capacidade de conferir eficácia aos seus poderes jurídicos (capacidade de investigação) e à questão do controlo jurisdicional de actos susceptíveis de afectar direitos fundamentais. É nesse contexto que se tem de analisar as questões de desenvolvimento da Europol e do OLAF, com a atribuição de poderes operacionais de polícia criminal, do respectivo controlo judiciário e das suas relações com o futuro procurador europeu e da possível criação de uma instância judiciária europeia, de competência "territorial" equivalente à do procurador europeu," conforme o autor DA MOTA (2004, p. 114).
[293] MATOS (2004, p. 338).

entretanto, a construção de um Direito Penal Europeu (servindo como base para isso o *Corpus Iuris* e as disposições do Livro Verde) que resultaram nas disposições do Regulamento (UE) 2017/1939, de 12 de Outubro de 2017.

A figura da Procuradoria Europeia não se justifica somente para conseguir uma luta mais eficaz contra a fraude e a criminalidade transnacional, mas, sim, para alcançar um degrau necessário de coordenação entre os Ministérios Público dos Estados-Membros, o que, sem esta base, resulta questionável o futuro do desenvolvimento da cooperação judicial em matéria penal[294].

4.7.1 O "Princípio do Reconhecimento Mútuo" como alternativa à ausência de harmonização

O Princípio do Reconhecimento Mútuo surge como ponto de chegada para a aproximação da legislação dos Estados-Membros na busca da efetividade da luta contra o crime que ganha espaço com a supressão de fronteiras, bem como simplifica a cooperação judiciária em matéria penal, levando a um espaço comum de justiça.

O conceito de uma organização descentralizada, a qual permite o acesso ao Direito Penal dos Estados-Membros, será finalizado pelo referido princípio para um conjunto de provas em que um Estado-Membro pode incentivar a repressão eficaz somente se a ele se destinava, em outro Estado-Membro base de uma condenação.

O Princípio do Reconhecimento Mútuo, inovador instrumento de direito comunitário, pressupõe a confiança em que as decisões que se está a reconhecer e a aplicar sejam sempre tomadas em conformidade com os Princípios da Legalidade, da Subsidiariedade e da Proporcionalidade.

---

[294] HÖPFEL (2007, p. 141).

Em síntese, o Princípio do Reconhecimento Mútuo traduz-se na aceitação dos Estados-Membros, dentro do espaço penal europeu (ao livre trânsito das sentenças e das decisões judiciais penais), mantendo a autoridade originária, oportunidade em que o mandado de detenção europeu constituiu a primeira concretização deste princípio (artigo 69, E, do TFUE).

As regras do reconhecimento mútuo elevam o nível de repressão à criminalidade. Com isso, pelo princípio supra, uma decisão tomada por uma autoridade judiciária de um Estado-Membro, com base na sua legislação interna, será reconhecida e executada pela autoridade judiciária de outro Estado-Membro, ocasião em que produzirá efeitos pelos meios equivalentes a uma decisão tomada por uma autoridade judiciária nacional[295].

Assim, carregado com a renúncia de normas penais supranacionais, o "Princípio do Reconhecimento Mútuo" vai para o ponto focal do processo e será também responsável pela coordenação e direção da investigação do Ministério Público Europeu, sendo considerado um avanço para a construção de um Direito Penal e Processual Europeu[296].

É importante referir que este princípio surgiu no Conselho Europeu de Cardiff (15 e 16 de Junho de 1998, Conclusão n. 39) com a necessidade da concretização de uma cooperação penal europeia a fim de que os Estados-Membros passem a trabalhar em colaboração para conter a criminalidade. E, pelo Conselho Europeu de Tampere (1999), apresentou-se como um princípio para a preparação de um espaço de liberdade, segurança e justiça dentro da UE, sendo a pedra angular da cooperação judiciária em matéria civil e criminal.

A confiança mútua surge da constatação da comunhão existente entre os Estados-Membros da União Europeia quanto aos valores fundamentais, vigentes nas sociedades humanas ocidentais, designadamente no que se prende com a assunção dos princípios da liberdade, da democracia, do respeito pelos

---

[295] MATOS (2004, pp. 327/328).
[296] KORTE (2009, p. 07).

direitos humanos e liberdades fundamentais e do Estado de Direito[297].

Espera-se que os Estados-Membros atinjam um grau de integração econômica e de solidariedade política, bem como que, nos seus sistemas de justiça penal, haja certa aceitação da lei em matéria penal, mesmo que a aplicação das suas próprias leis conduza a resultados diferentes. Entretanto, deve-se levar em conta que o direito comunitário, em geral, prevalece sobre o direito nacional.

Com essa ideia, teve-se o intuito de desenvolver uma Procuradoria Europeia que encontrava as habilidades acima e as possibilidades do projeto (Livro Verde e *Corpus Iuris*) numa concentração de poder do lado da lei, constituindo o princípio do julgamento justo e, portanto, a igualdade de armas entre a acusação e a defesa[298].

Não é demais salientar que a "harmonização parcial", ignorando normas processuais, minimiza de vez o "Princípio do Reconhecimento Mútuo", o qual é o sedutor para a base de confiança mútua entre os Estados-Membros, devendo, assim, aplicar-se como uma possibilidade de (projeto do) Procurador Europeu, que está associado a uma perda de liberdade[299].

Dessarte, tem-se que os poderes da Procuradoria Europeia são às custas da União Europeia, garantindo-se a independência, a indivisibilidade e a discricionariedade do órgão para uma atuação persuasiva.

A aplicação do reconhecimento mútuo foi o objetivo da Decisão-Quadro n. 2008/909/JAI do Conselho (de 27 de Novembro de 2008), relativa à aplicação do Princípio do Reconhecimento Mútuo às sentenças em matéria penal que imponham penas ou outras medidas privativas de liberdade para efeitos da execução das sentenças na União Europeia, a qual sofreu alteração da Decisão-Quadro n. 2009/299/JAI do Conselho de 26 de Fevereiro de 2009; e da Decisão-Quadro n. 2008/947/JAI do Conselho respeitante à aplicação do Princípio do Reconhecimento Mútuo às sentenças e decisões relativas à liberdade

---

[297] MATOS (2004, p. 328).
[298] KORTE (2009, p.10).
[299] KORTE (2009, p.10)

condicional para efeitos da fiscalização das medidas de vigilância e das sanções alternativas.

4.8 A PREVENÇÃO DO BRANQUEAMENTO DE CAPITAIS

> À medida que as normas internacionais são integradas no direito interno, os juízes nacionais tornam-se os guardiões do direito internacional (regional ou mundial), em condições que variam consoante o seu sistema admita ou não a aplicabilidade directa[300].

Consoante trazido pelo autor José Luís da Mota[301], o Ministério Público, hoje, desempenha um papel central no processo de construção europeia. Papel este que, no âmbito internacional, deve ser (e será) realizado por meio de uma Procuradoria Europeia.

Sendo o Branqueamento de Capitais[302] um fenômeno internacional, a cooperação jurídica internacional constituiu um recurso necessário para investigações e persecuções exitosas, porquanto, se tratando de um crime transnacional, não há investigação e persecução eficaz restrita às fronteiras nacionais.

---

[300] DELMAS-MARTY (2004, p. 295).

[301] DA MOTA (2007, p.150).

[302] O Branqueamento de Capitais causa um impacto na economia, porquanto ocorrem variações na demanda monetária que aparentemente não guardam relação com os câmbios, observados nas variações econômicas; volatilidade dos juros e do câmbio como causa das transferências transfronteiriças inesperadas de fundos; maior instabilidade dos passivos e maiores riscos para a valoração dos ativos das entidades financeiras, o que origina um risco sistêmico para a estabilidade do setor financeiro e a evolução monetária em geral; efeitos adversos sobre a arrecadação tributária e a dotação de recursos públicos devido ao falseamento dos dados sobre a renda e a riqueza; efeito de contágio sobre as transações legais devido ao temor dos interessados a um possível envolvimento delitivo. Nessa senda, extraído de manifestação do Fundo Monetário Internacional (FMI) sobre o Branqueamento de Capitais.

Assim, deve ser porque cada Ministério Público nacional tem uma lei para seguir na perseguição e combate aos crimes que acontecem em seu território nacional. No entanto, ultrapassando o Branqueamento de Capitais as fronteiras e não tendo limite de atuação, a Procuradoria Europeia será regida pelo direito comunitário, porquanto as leis dos Estados-Membros entram em cooperação para o fim de criar uma "legislação europeia" para determinar a circulação da Procuradoria no espaço penal europeu.

Com a finalidade de criar um direito comunitário penal, deverá ser discutida a eventual elaboração das categorias necessárias a enquadrar tal fenômeno jurídico (impregnado pelas construções teóricas elaboradas no âmbito nacional), exigindo conceituações específicas, à luz das particularidades estruturais e institucionais do sistema de integração europeia[303].

A ideia supra tem aplicação, por ora, somente aos crimes de competência da Procuradoria Europeia, aplicando-se neles a primazia do direito comunitário sobre o direito nacional, garantindo, assim, a integração ao direito de cada Estado-Membro disposições de instituições comunitárias (em observância ao Princípio da Legalidade), o que é um dos objetivos do Tratado.

Ademais, com o intuito de tornar eficaz a perseguição do crime transnacional e tornar possível a cooperação que se propõe, coordenando as investigações para levar a julgamento, a Procuradoria Europeia terá auxílio da *Eurojust* que deverá centralizar os processos penais em cooperação com a Europol.

Por tudo que já foi dito, não se tem dúvida que o Branqueamento de Capitais precisa ser controlado, uma vez que pode vir a comprometer a integridade dos sistemas político e judicial, assim como a estabilidade dos setores financeiros nacionais ou internacionais e o seu combate traduz-se em luta contra a criminalidade grave transnacional.

---

[303] SICURELLA (2003, pp. 43/44).

Verifica-se que o ganho material[304] decorrente do Branqueamento de Capitais consiste em uma das principais motivações dos grupos organizados internacionais. Então, privar um grupo criminoso dos seus ganhos materiais, atacando os seus lucros e as suas finanças, reduz os incentivos à participação no Branqueamento de Capitais e compromete a capacidade operacional, crescimento e expansão[305].

A dimensão internacional do fenômeno do Branqueamento de Capitais se apresenta como aquela que mais e maiores dificuldades e obstáculos levanta a um consequente e eficaz ataque, o que justifica o grande esforço na concentração de instrumentos jurídicos internacionais no combate a essa criminalidade que ultrapassa fronteiras e é latente[306].

A criminalização do Branqueamento de Capitais, por meio do direito comunitário, se impõe como uma das medidas capazes de suster ou de impedir uma propagação desenfreada de tal prática. Outrossim, ela incrementa as chances de confisco do produto do crime, porquanto, utilizando artifícios para ocultá-lo ou dissimulá-lo, ficará incurso na pena do novo crime. E, se um terceiro participar da transação envolvendo o produto do crime, cometerá o crime de Branqueamento de Capitais[307].

Repisa-se que o Branqueamento de Capitais representa uma ameaça à paz e a liberdade global[308], colocando em perigo a livre concorrência sobre a qual se baseia o sistema de livre comércio, e, dessa forma, põe em risco o próprio sistema econômico[309].

---

[304] GUIA LEGISLATIVO PARA A APLICAÇÃO DA CONVENÇÃO DAS NAÇÕES UNIDAS CONTRA A CRIMINALIDADE ORGANIZADA TRANSNACIONAL (2003, p. 33).

[305] GUIA LEGISLATIVO PARA A APLICAÇÃO DA CONVENÇÃO DAS NAÇÕES UNIDAS CONTRA A CRIMINALIDADE ORGANIZADA TRANSNACIONAL (2003, p. 33).

[306] FARIA COSTA (1992, pp. 68/69).

[307] MORO (2010, p. 16).

[308] Presidente Clinton, em discurso perante a Assembleia Geral das Nações Unidas em 1995.

[309] Nesse sentido, tem como exemplo o detentor de capital de origem criminosa que baixa os preços normais da venda no setor de couro e o comprador legal do artigo pode produzir sapatos mais baratos, exercendo, assim, uma concorrência ilícita sobre outros produtores de sapatos.

Diante disso, o papel da uma lei de caráter europeia é impedir que essas vantagens injustas se propaguem. As técnicas de Branqueamento de Capitais, como já referido, mudam a toda a hora, pois são facilitadas por recursos e imaginação inesgotáveis, constando-se que a chegada de um mundo "desmaterializado e globalizado" tornará a situação ainda mais difícil para as autoridades conseguirem um verdadeiro combate ao crime[310]. Nesse sentido, o autor Simões explica que, para o seu combate, exige-se "cooperação internacional e a utilização de sistemas que facilitem a colaboração e a troca de informações entre as autoridades competentes dos Estados interessados"[311].

Os institutos da cooperação internacional em matéria de Branqueamento de Capitais são o mandado europeu de detenção e entrega, o reconhecimento mútuo das decisões, a transferência de pessoas condenadas e a transmissão de processos penais.

Quando os países não cooperam em matéria criminal, quem ganha é o criminoso e não o País não cooperante[312].

Por isso, faz-se necessária uma cooperação entre países a fim de adotarem medidas para vigiar os movimentos de capitais por meio de suas fronteiras, devendo estabelecer "um regime de regulamentação e reforço da cooperação interna e internacional"[313].

As leis internas dos Estados que adotam matérias de combate são de grande valia, podendo-se sugerir a lei portuguesa de combate ao crime, porquanto é uma das leis mais completas que visa à prevenção desse delito, podendo, neste caso, ser fonte de inspiração para uma lei europeia a fim de que a Procuradoria possa exercer seu papel.

---

[310] CANAS (2004, p. 10).
[311] SIMÕES (2006, p. 424).
[312] MORO (2010, p. 17).
[313] GUIA LEGISLATIVO PARA A APLICAÇÃO DA CONVENÇÃO DAS NAÇÕES UNIDAS CONTRA A CRIMINALIDADE ORGANIZADA TRANSNACIONAL (2003, p. 40).

É de ressaltar que para a criação da lei europeia, as diferenças nacionais existentes, no que diz respeito às relações entre os contextos filosóficos- jurídicos e filosófico-social e a ciência penal, não podem servir como obstáculo à concretização da comunitarização do Direito Penal.

É nessa sintonia porque, para a concretização do espaço de liberdade, segurança e justiça, deve haver um equilíbrio, sob pena de se sacrificar direitos e liberdades fundamentais individuais em prol da segurança e em nome de justiça[314].

Em Portugal, a Lei n. 144/1999, alterada pela Lei n. 65/2003, traz a cooperação internacional em matéria penal, o Tratado Tipo de Auxílio Judiciário Mútuo em Matéria Penal da ONU de 1990 e a Lei Modelo da ONU sobre Branqueamento de 1999, assim como a Lei n. 11/2004 aditou o Código Penal, artigo 368-A[315], para criminalizar o Branqueamento de Capitais.

Com efeito, destaca-se que a perigosidade, a gravidade, a extensão dos fatos, a ambiguidade ética gerada pela insuficiência de tutela, a dimensão internacional e a complexidade da tutela punitiva são fatores preponderantes que dificultam a ação policial[316]. Nessa senda, em face do estado de emergência penal (na busca de combate ao crime de Branqueamento de Capitais), medidas excepcionais, *v.g.* restrição do direito de privacidade, quebra do sigilo bancário, interceptação telefônica, delação premiada, infiltração de agentes, violação do dever de segredo (vinculadas a profissionais e entidades) e de mobilização civil dos cidadãos com a finalidade de exercerem

---

[314] VALENTE (2006, p.103).

[315] Criminalizou o Branqueamento de Capitais associado aos "factos ilícitos típicos de lenocínio", abuso sexual de crianças ou de menores dependentes, extorsão, tráfico de estupefacientes e substâncias psicotrópicas, tráfico de armas, tráfico de órgãos ou tecidos humanos, tráfico de espécies protegidas, fraude fiscal, tráfico de influência, corrupção e demais infracções referidas no n.01 do artigo 1º da Lei n. 36/94, de 29 de Setembro, e dos factos ilícitos típicos puníveis com pena de prisão de duração mínima superior a 6 meses ou de duração máxima superior a cinco (05) anos.

[316] FERREIRA (2006, pp. 624/625).

atividades típicas ou sucedâneas de prevenção e até de investigação criminal, devem ser concretizadas para suster o crime[317].

Igualmente, há a necessidade de mobilizar os cidadãos para o combate do Branqueamento de Capitais, fazendo que exerçam atividades típicas ou sucedâneas de prevenção e até mesmo de investigação criminal.

As relações entre os Estados e a colaboração transfronteiriça das magistraturas e das polícias são, consequentemente, vitais (como importante é), também, a harmonização legislativa a nível internacional[318] para possibilitar o trabalho da Procuradoria.

A par das investigações e nos processos de Branqueamento de Capitais, verifica-se que há uma dificuldade quanto à prova, ou seja, determinar a procedência delitiva dos bens, direitos e valores; e demonstrar que o sujeito ativo tinha conhecimento desta origem.

A procedência delitiva e o seu conhecimento têm sido demonstrados através de aumento injustificado do patrimônio; manipulação de elevada quantidade de dinheiro, bem como a imediata utilização de recursos recebidos; dinâmica das transmissões ou operações de quantias em espécie; transferências patrimoniais anômalas; existência de operações alheias às práticas comerciais ordinárias; inexistência de negócios lícitos; e vinculação ou conexão com atividades delitivas, ou com pessoas ou grupos relacionados com as mesmas[319].

Identicamente, apontam-se outros elementos para essa demonstração:

- Utilização imediata de recursos recebidos, assim como a utilização de sociedades fictícias ou de fachada, especialmente quando localizadas em paraísos fiscais; o recurso à testas-de-ferro sem disponibilidade econômica real sobre os bens; o uso de identidades falsas; a existência de anotações irregu-

---

[317] GODINHO (2001, p. 150).
[318] CANAS (2004, p.23).
[319] BONFIM e BONFIM (2008, pp. 83/84).

lares em livros contábeis; o fracionamento de valores em depósitos bancários para dissimular sua quantia; a utilização de falsos documentos nos quais se constatam importações inexistentes; a simulação de negócios ou operações comerciais que não respondem à realidade; e o recebimento de elevadas comissões pelos intermediários, *etc*...[320]

Importante mencionar que em Portugal há uma vertente preventiva, a qual busca combater o crime de Branqueamento de Capitais, constando na legislação nacional uma série de deveres, quais sejam:

- Dever de identificar: artigos 3º a 6º e 8º, n. 02, do Decreto-Lei n. 313/93, de 15 de Setembro; artigos 4º, n. 01, alíneas "a" e "d", e n. 02; 5º, n. 01, alínea "a", e n. 02; 6º, n. 01, alínea "b", e n. 02; 7º; 8º, n. 01, alínea "a", e n. 02, do Decreto-Lei n. 325/95, de 02 de Dezembro; artigos 8º, A, alínea "a"; 8º, B, alínea "a"; e 8º, C, do mesmo Decreto-Lei, com a redação da Lei n. 10/2002, de 11 de Fevereiro;

- Dever de recusa de realização de operações: em certas circunstâncias – artigo 7º do Decreto-Lei n. 313/93, de 15 de Setembro;

- Dever de conservação de documentos: artigo 9º do Decreto-Lei n. 313/93, de 15 de Setembro; artigo 4º, n. 01, alínea "e"; 5º, n. 01, alínea "b"; 6º, n. 01, alínea "c"; 7º; 8º, n. 01, alínea "b", todos do Decreto-Lei n. 325/95, de 02 de Dezembro; artigos 8º, A, alínea "b"; 8º, B, alínea "b"; e 8º, C, todos do mesmo Decreto-Lei, com a redação da Lei n. 10/2002;

- Dever de exame: artigo 8º, n. 01, do Decreto-Lei n. 313/93, de 15 de Setembro; e

- Dever de comunicação.

Traz-se, também, a Convenção das Nações Unidas contra a criminalidade organizada transnacional, a qual dedica nos artigos 6ª e 7ª um importante passo no aprofundamento do combate internacional ao Branqueamento de Capitais. O artigo 6ª constituiu as partes na obrigação de incriminar o Branqueamento resultante de infrações principais definidas como graves

---

[320] BONFIM e BONFIM (2008, p. 84).

e de outras, denominadamente, da criminalidade organizada. E o artigo 7º define as medidas de controle de bancos, instituições financeiras não bancárias e de outras entidades particularmente expostas ao Branqueamento de Capitais; criação de mecanismos de cooperação nacional e internacional e de troca de informações; e detecção e vigilância do movimento transfronteiriço de bens.

Por fim, com a nova legislação do Branqueamento de Capitais, passou-se a incluir advogados e solicitadores, assim como outras categorias antes não compreendidas expressamente.

Não é demais ressaltar que é necessária a utilização de métodos apropriados de investigação e a construção de regras probatórias conectadas à realidade e sensíveis não só aos direitos do acusado, entre eles o da presunção de inocência e o resguardo da esfera privada, mas, também, à necessidade de investigação e persecução eficazes de tais crimes, o que é um legítimo direito da sociedade[321].

Outrossim, a fim de dirigir a fase preparatória da investigação, assim como exercer ação pública na fase processual de julgamento e fiscalizar a execução das condenações, a unificação da fase processual preparatória somente pode resultar da criação da Procuradoria Europeia (também com competência futura para o Branqueamento de Capitais), atuante no espaço judiciário único, consoante a normativa comunitária.

O Procurador Europeu, quando absolutamente necessário, poderá demandar mandado de prisão europeu ao juiz de liberdades (mandado este com força executiva no espaço judiciário europeu), bem como realizar interrogatórios de suspeitos, coleta de documentos, demanda de perícia, busca e apreensão, escutas telefônicas (sob autorização do juiz), oitiva de testemunhas e demanda de pedido de prisão preventiva ao juiz.

Dessarte, deve-se observar que o sucesso da Procuradoria Europeia depende da observância da prevenção e da repressão, as quais devem ser equilibradas, devendo, ainda,

---

[321] MORO (2010, pp. 73/74).

atear-se-á prevenção do risco da criminalidade e ter uma legislação apropriada quanto à técnica e a medida, minimizando os
riscos e as facilidades para o crime e as atividades ilegais[322].

---

[322] STORBECK e TOUSSAINT (2004, p. 09).

5. CONSIDERAÇÕES FINAIS

Com a presente pesquisa, foi possível verificar que o esvaecimento das fronteiras, aliado à globalização, gerou repercussões, não apenas ao nível dos procedimentos lícitos como, também, ao nível das práticas criminosas[323].

A criminalidade ganhou dimensão transnacional, passando o crime a ser internacional, porquanto delitos que antes eram cometidos dentro de um Estado-Membro, passaram a ser cometidos em todo o território da União Europeia, facilitando, assim, a impunidade.

Diz-se que a nova criminalidade é expressão do novo modelo de organização social para que tendem as sociedades contemporâneas[324].

> [...] o crime não é apenas cometido no âmbito das profissões: ganha o estatuto das profissões. Deixou de ser um subproduto dos negócios para ser um negócio em si mesmo. Não é estranho à economia: funciona segundo as suas regras, organiza-as e modela-as. Passa frequentemente de patologia do poder à forma de exercício do poder[325].

[323] SIMÕES (2006, p. 423).
[324] MAXIMIANO (2007, p.107).
[325] RODRIGUES (1999, p. 09).

Frente a isso, a ideia de um espaço de liberdade, segurança e justiça resta ameaçada, já que a criminalidade sem meios eficazes de combate gera instabilidade social. E os Estados-Membros não possuem condições isoladas para lutar contra o crime que "assume novas formas de organização e encontra condições excelentes de florescimento"[326].

A circulação de pessoas deve ser assegurada como um espaço que proporciona aos cidadãos condições de segurança e de acesso à justiça[327]. Sobre essa questão, o autor Ricardo Jorge Bragança de Matos lembra que:

> A liberdade só tem sentido quando vivida num ambiente de segurança, que, por sua vez, deve assentar num sistema de justiça passível de gerar confiança nos cidadãos que dele beneficiam[328].

Com o intuito de reforçar a segurança, faz-se necessário um intercâmbio de informações sobre a aplicação da lei. Os Estados-Membros devem pensar em sua segurança, mas, também, proteger a segurança dos outros.

Importante, ainda, mencionar que a ação criminosa coloca em risco os objetivos fundamentais da União Europeia em promover o progresso econômico e social, a realização de um desenvolvimento equilibrado e sustentável, com o intuito de reforçar a coesão econômica e social, bem como em manter e desenvolver a União enquanto espaço de liberdade, segurança e justiça[329].

Assim, tem-se que a prevenção da criminalidade se apresenta como um componente fundamental para a criação do espaço de liberdade, segurança e justiça[330]. E, é com o Tratado de Amsterdam que começa a construção de um Direito

---

[326] DA MOTA, (2003, p. 135).
[327] SOUSA (2001, p. 881).
[328] MATOS (2004, p. 337). No mesmo sentido, FIDALGO (2005, p. 935).
[329] MATOS (2004, p. 329).
[330] FIDALGO (2005, p. 962).

Penal Europeu, pela via da harmonização e com os instrumentos das Decisões-Quadro, oportunidade em que o Conselho adotou decisões em várias matérias, incluindo o Branqueamento de Capitais.

Nesse sentido, interessante trazer a lição da autora Sónia Fidalgo[331]:

> A comissão esclareceu que o desenvolvimento do espaço judiciário europeu não tem por objetivo nem por consequência pôr em causa as tradições jurídicas e judiciárias dos Estados- Membros, uma vez que deve a atuação da União basear-se nos princípios da proporcionalidade e subsidiariedade. No que diz respeito às especificidades que caracterizam o direito penal.

Dentro dessa criminalidade grave transnacional, o crime de Branqueamento de Capitais foi escolhido para ser estudado, uma vez que os seus efeitos atingem toda a União Europeia e o indivíduo isolado. É assim porque, de acordo com o que se extrai da Lei Portuguesa n. 11/2004, o Branqueamento de Capitais é um problema de amplitude mundial, porquanto envolve poderosas organizações criminosas, as quais, com atividades e dinheiro ilícitos, minam e se interligam com o sistema econômico e financeiro e com poder econômico e político fomentam a corrupção, colocando em causa a soberania e a independência dos Estados, o que vem a comprometer a democracia.

Nessa linha, faltando em Portugal, assim como em toda União Europeia uma estrutura com competência de análise e intervenção, uma vez que a instituição de um Programa Nacional (na lei portuguesa - Lei n. 11/2004) não é suficiente, a criação de uma Procuradoria Europeia instituída no Tratado de Lisboa, com poderes para combater os crimes contra os interesses lesivos da UE e também os delitos graves de natureza

---

[331] FIDALGO (2005, pp. 960/961).

transfronteiriça, apresenta-se como a solução, no espaço penal europeu a fim de impedir que os "senhores do crime"[332] restem impunes.

Por mais que se saiba que o Tratado de Lisboa não obriga à criação da Procuradoria Europeia (tanto que usa a expressão "pode o Conselho criar uma PE"), sendo esta uma opção[333], deve-se primar pela sua existência, pois, do contrário, impedir a sua criação é ir de encontro ao avanço da construção europeia.

Desse modo, verificando-se a necessidade de um órgão para agir rapidamente além das fronteiras nacionais, dispensando os longos procedimentos de cooperação judiciária (o que permitirá uma política de ação penal comum, colocando termo à atual abordagem fragmentada vivenciada), é instituída a Procuradoria Europeia para proteger os interesses financeiros da UE.

Contudo, quando se pensa na legislação a ser aplicada para a PE, num primeiro momento, deve-se eliminar as inconsistências e tornar idêntica (não uniformizar), à pena de se ter um órgão sem eficácia no território europeu.

A assimilação não permite uma integração e nem uma harmonização, uma vez que os Estados permanecem senhores de suas legislações; a cooperação, também, não garante a aproximação dos sistemas nacionais, porquanto se constituiu num relacionamento superficial entre os sistemas, não sendo, portanto, um instrumento de integração normativa; e, por fim, a harmonização constitui um instrumento de aproximação, mas não é uma unificação, tratando-se de normas similares, mas não idênticas.

Considerando essas questões, a União deve concentrar-se em quatro aspectos prioritários: prosseguir o reconhecimento mútuo, reforçar a confiança mútua, garantir a todos os cidadãos europeus uma justiça baseada em valores comuns e dotar a União de uma política criminal coerente a fim de lutar eficazmente contra todas as formas de criminalidade grave.

---

[332] Expressão utilizada por Anabela Miranda Rodrigues para se referir aos autores do crime. Na mesma linha, RODRIGUES (1999, p. 07).
[333] FLORE (2008, p. 235).

Mas para que isso ocorra, mudanças são necessárias, pois se tem que atuar, já que não há mais tempo para a criminalidade. Os Estados-Membros terão que ceder uma parcela da sua soberania[334] para que o interesse coletivo seja alcançado, havendo, então, uma superação do Princípio da Territorialidade e da Soberania, bem como uma abolição de mitos[335].

A autora Anabela Rodrigues sustenta que "a criação de um espaço policial e judiciário europeu ilustra uma forma evidente de ultrapassagem do território nacional, ao nível de União Europeia"[336].

Com isso, a fim de dar uma resposta eficaz ao crime dos poderosos[337], a intangibilidade da soberania dos Estados em matéria de aplicação da lei penal deverá ser superada por ideias de abertura à cooperação[338]. Tornou-se necessária uma cooperação judicial internacional, em matéria penal, como forma de tornar mais presente o combate ao Branqueamento de Capitais, já que, com a intenção de ajudar na cooperação, a missão da Procuradoria consiste em identificar a Europa com as infrações lesivas e a criminalidade organizada.

Quer-se para a Procuradoria Europeia a adoção de normas de Direito Penal e Processual a nível europeu e legitimação constitucional para perseguir crimes em nome da União. Mas, ao que parece, nem todos os Estados estão dispostos a ceder poder, tanto é assim que foi adotada por meio de uma cooperação reforçada com, apenas, 20 (vinte) Estados-Membros participantes[339].

Por ora, inexistindo a extensão da competência da PE para o crime grave transnacional, é com a harmonização e com o reconhecimento mútuo, os quais constituem uma modalidade de integração jurídica, a possibilidade de eliminar as fronteiras nacionais, dando-se um salto para uma cooperação

---

[334] Os Estados-Membros temem que com a harmonização os seus sistemas punitivos sejam fragilizados.

[335] Relativos à perda da soberania nacional.

[336] RODRIGUES (2007, p. 83).

[337] *Crimes of the Powerfull* – expressão utilizada por RODRIGUES (2003, p. 36).

[338] SIMÕES (2006, p. 423).

[339] Inexiste impedimento para que outros Estados adiram a Procuradoria Europeia.

interestadual e uma integração supranacional[340].

Pensa-se que, semelhantemente, ao Ministério Público nacional, o qual é o titular da ação penal e diretor do inquérito (ainda que realizado por outras entidades), por imperativo constitucional e estatutário[341], a Procuradoria, em razão de a União passar a definir-se como um espaço não só seu, há de ser (por meio de uma fonte constitucional legitimadora) dotada de poderes diversos dos Estados que compõem a UE.

Considera-se uma competência universal, a qual, segundo Delmas-Marty, além de melhorar o direito internacional, harmonizaria os direitos nacionais, objetivo ainda largamente utópico à escala mundial[342]. Nessa linha, o Direito Penal ganharia uma dimensão internacional, unificando-se em torno da proteção da humanidade[343].

Por fim, explica a autora Anabela Rodrigues que a passagem da competência territorial para uma competência universal, que legitima os Estados a perseguir crimes, demonstra a mudança de que o território já não é mais o espaço de aplicação do Direito Penal[344].

O Tratado de Lisboa traz a harmonização, a qual surge para atenuar os contrastes existentes nos diferentes sistemas jurídicos a fim de facilitar a cooperação judiciária em matéria penal. Mas, pelo que se vê das posições dos Estados-Membros (por ora) este não é o caminho a percorrer. A sugestão que se deixa é que, por meio do reconhecimento mútuo, seja possível adquirir uma integração, bem como seja possível comunitarizar o Direito Penal e também o Processo Penal para que a Procuradoria Europeia, que funcionará como instância única em todos os Estados-Membros participantes, consiga atingir a sua missão, estendendo a sua competência, tão logo, para o crime grave transnacional.

---

[340] RODRIGUES (2003, p. 149).
[341] MAXIMIANO (2007, p. 108).
[342] DELMAS-MARTY (2004, p. 296).
[343] RODRIGUES (2007, p. 79).
[344] RODRIGUES (2007, p. 80).

REFERÊNCIAS BIBLIOGRÁFICAS

ALBRECHT, Peter-Alexis. **El Derecho Penal en la Intervención de la Política Populista, en La Insostenible Situación del Derecho Penal**. Granada: Editorial Comares, 2000.

ALMEIDA, Luís Duarte d'. **Direito Penal e Direito Comunitário – O Ordenamento Comunitário e os Sistemas Juscriminais dos Estados-Membros**. Coimbra: Almedina, 2001.

ALMEIDA, Maria Cândida. **A Cooperação Policial na Luta contra o Terrorismo e o Crime Organizado**: In: Europa: Novas Fronteiras, n. 16/17. Centro de Informação Europeia. Lisboa: Jacques Delors, 2005.

ÁLVARES, Pedro. **O Tratado de Lisboa e o Futuro da Europa**. Guide - Artes Gráficas Ltda., 2009.

BACIGALUPO, Enrique. **Existem Condições para um Direito Penal Europeu?** In: Julgar, n.06, Lisboa, 2008.

BALTAZAR JUNIOR, José Paulo. **Crimes Federais**. 4.ed. Rev. Atual e Ampliada. Porto Alegre: Livraria Do Advogado, 2009.

BARBOSA, Paula Andrea Ramírez. **Nuevas Tendencias Político-Criminales en la Lucha contra la Criminalidad Organizada. El modelo de Colombia en este ámbito**. In: CALLEGARI, André Luís. Crime Organizado. Tipicidade – Política Criminal – Investigação e Processo. – Brasil, Espanha e Colômbia -. Porto Alegre: Livraria Do Advogado, 2008.

BECK, Francis Rafael. **Perspectivas de Controle ao Crime Organizado e Crítica à Flexibilização das Garantias**. In: IBCCRIM, São Paulo, 2004.

BECK, Ulrich. **Que és la Globalización?** Barcelona: Paidos, 2008.

BELFIORE, Rosanna. **Movement of Evidence in the EU: The Present Scenario and Possible Future Developments**. In: European Journal of Crime. Criminal Law and Criminal Justice, vol. 17, Martinus Nijhoff Publishers, 2009.

BONFIM, Marcia Monassi Mougenot; BONFIM, Edilson Mougenot. **Lavagem de Dinheiro**. 2.ed. São Paulo: Malheiros, 2008.

BRANDÃO, Nuno. **Branqueamento de Capitais: O Sistema Comunitário de Prevenção**. Coimbra: Coimbra, 2002.

CABRAL, José Santos. **Uma Incursão pela Polícia**. Coimbra: Almedina, 2007.

CAEIRO, Pedro. **A Decisão-Quadro do Conselho, de 16 de Junho de 2001, e a Relação entre a Punição do Branqueamento e o Facto Precedente: Necessidade e Oportunidade de uma Reforma Legislativa**. In: *Liber Discipulorum* para Jorge de Figueiredo Dias. Coimbra: Coimbra, 2003.

_____. **Cooperação Judiciária na União Europeia. Direito Penal Económico e Europeu: Textos Doutrinários**. Vol. III, Coimbra: Coimbra, 2009.

_____. **Perspectivas de Formação de um Direito Penal da União Europeia**. In: Revista Portuguesa de Ciência Criminal, n. 06, 1996.

CALLEGARI, André Luís. **Crime Organizado. Tipicidade – Política Criminal – Investigação e Processo**. – Brasil, Espanha e Colômbia. Porto Alegre: Livraria Do Advogado, 2008.

CANAS, Vitalino. **O Crime de Branqueamento: Regime de Prevenção e de Repressão**. Coimbra: Almedina, 2004.

CANOTILHO, José Joaquim Gomes. **Constituição Dirigente e Vinculação do Legislador**. 2.ed. Coimbra: Coimbra, 2001.

_____. **Direito Constitucional e Teoria da Constituição**. 4.ed. Coimbra: Almedina, 1997.

CARRAPIÇO, Helena. **O Crime Organizado Transnacional na Europa: Origens, Práticas e Consequências**. Lisboa: Cadernos do IDN, 2006.

CARRERA, Sergio; GEYER, Florian. **El Tratado de Lisboa Y un Espacio de Libertad, Seguridad y Justicia: Excepcionalismo y Fragmentación en la Unión Europea**. In: Revista de Derecho Comunitario Europeo, n. 29, Madrid, 2008.

CASTALDO, Andrea. **La Naturaleza Económica de la Criminalidad Organizada**. In: YACOBUCCI, Guillermo J. (coord.). El Crimen Organizado: Desafíos y Perspectivas en el Marco de la Globalización. Buenos Aires: Ábaco de Rodolfo de Palma, 2005.

CEPEDA, Ana Isabel Pérez. **La Seguridad como Fundamento de la Deriva del Derecho Penal Postmoderno**. Madrid: Lustel, 2007.

COMISSÃO DAS COMUNIDADES EUROPEIAS. **Livro Verde sobre a Protecção Penal dos Interesses Financeiros Comunitários e a Criação de um Procurador Europeu, apresentado pela Comissão (COM (2001) 715 final-** Bruxelas, 11/12/2001.

COMISSÃO DAS COMUNIDADES EUROPEIAS. **Relatório da Comissão. Execução pelos Estados-Membros relativas à Protecção dos Interesses Financeiros das Comunidades Europeias e os respectivos Protocolos da Convenção. Artigo 10 da Convenção.** Bruxelas, 25/10/2004.

COMISSÃO EUROPEIA. **Protecção dos Interesses Financeiros da Comunidade. Luta contra a Fraude. Estratégia da Comissão em Matéria de Luta contra a Fraude.** Programa de Trabalho para 1994.

CONSELHO EUROPEU DE BRUXELAS (PRESIDÊNCIA), **Conclusões da Presidência do Conselho Europeu de Bruxelas,** 21 e 22 de Junho de 2007.

COSTA, Jorge. **A Constituição Europeia e o Procurador Europeu.** In: Europa: Novas Fronteiras, n. 16/17. Centro de Informação Europeia. Lisboa: Jacques Delors, 2004/2005.

_____. **O Fenómeno da Globalização e o Direito Penal Económico.** In: Revista Brasileira de Ciências Criminais, n. 34, ano 09, 2001.

DAVIN, João. **A Criminalidade Organizada Transnacional: A Cooperação Judiciária e Policial na UE.** Coimbra: Almedina, 2007.

DA MOTA, José Luis Lopes. **A Constituição Europeia e a Questão do Procurador Europeu: a *Eurojust*, Embrião de um Futuro Procurador.** In: Revista do Ministério Público, ano 25, n. 98, 2004.

_____. A Eurojust e a Emergência de um Sistema de Justiça Penal Europeu. In: Revista Portuguesa de Ciência Criminal, ano 13, n. 02, 2003.

_____. A União Europeia face à Criminalidade Transnacional. A Caminho de um Ministério Público Europeu? In: Portugal e a Constituição Europeia, n. 18/19, Estratégia: Lisboa, 2003.

_____. As Dimensões Institucionais da Cooperação Judiciária em Matéria Penal na União Europeia: a Eurojust e os seus Parceiros Europeus. In: Europa: Novas Fronteiras, n. 16/17, Centro de Informação Europeia. Jacques Delors: Lisboa, 2004/2005.

_____. Liberdade, Segurança e Direitos Fundamentais. In: II Congresso Nacional. Portugal e o Futuro da Europa. Lisboa: Fundação Calouste Gulbenkian, 2007.

_____. O Ministério Público e a Construção Europeia: Os Caminhos da Justiça Penal e a Eurojust. In: A Responsabilidade Comunitária da Justiça. O Papel do Ministério Público. VII Congresso. SMMP, Alvor 1, 2, 3. 2007.

DE ANGELIS, Francesco. La Protezione Giuridica degli Interessi Finanziari della Comunità Europea: Evoluzione e Prospettive. In: GRASSO, Giovani (a cura di), Prospettive di un Diritto Penale Europeo, Atti del Seminario Organizzato dal Centro di Diritto Penale Europeo. Catagnia, 26 Maggio 1997, Milano: Giuffrè Editore, 1998.

DE OLIVEIRA, Frederico Abrahão. Crimes do Poder Econômico. Porto Alegre: Livraria Do Advogado, 1994.

DELMAS-MARTY, Meirelle. A Caminho de um Modelo Europeu de Processo Penal. Revista Portuguesa de Ciência Criminal, ano 09, fascículo 02, 1999.

_____. O Direito Penal como Ética da Mundialização. In: Revista Portuguesa de Ciência Criminal, n. 03, 2004.

_____. Verso un Diritto Penale Comune Europeo. In: Rivista Italiana de Diritto e Procedura Penale, n. 02, 1997.

DIAS, Augusto Silva. De que Direito Penal Precisamos Nós Europeus? Um Olhar sobre Algumas Propostas Recentes de Constituição de um Direito Penal Comunitário. In: Revista Portuguesa de Ciência Criminal, n. 03, 2004.

DIAS, Jorge de Figueiredo; ANDRADE, Manuel da Costa. Criminologia. O Homem Delinquente e a Sociedade Criminógena. 2.ed. Coimbra: Coimbra, 1997.

DUARTE, Jorge Manuel Vaz Monteiro Dias. Branqueamento de Capitais. O Regime do D.L. 15/93, de 22 de Janeiro e a Normativa Internacional. Porto: Publicações Universidade Católica, 2002.

DUARTE, Maria Luísa. Estudos sobre o Tratado de Lisboa. Coimbra: Almedina, 2010.

EBO, Isabel de Jesus dos Santos. A Geopolítica da Droga. Universidade Técnica de Lisboa. Lisboa: Instituto Superior de Ciências Sociais e Políticas, 2008.

ELHOLM, Thomas. Does EU Criminal Cooperation Necessarily Mean Increased Repression? In: European Journal of Crime. Criminal Law and Criminal Justice. Vol. 17, 2009.

EUROPEAN PUBLIC PROSECUTOR WORKING GROUP. Conclusions. Madrid: Imprenta Nacional del Boletín Oficial del Estado, 2009.

FARIA COSTA, José Francisco de. **Noções Fundamentais de Direito Penal** (Fragmenta Iuris Poenalis). 2.ed. Coimbra: Coimbra, 2009.

_____. **O Branqueamento de Capitais (Algumas Reflexões à Luz do Direito Penal e da Política Criminal)**. Boletim da Faculdade de Direito. Vol. LXVIII, Coimbra, 1992.

FERNANDES, Paulo Silva. **Globalização, "Sociedade de Risco" e o Futuro do Direito Penal. Panorâmica de Alguns Problemas**. Coimbra: Almedina, 2001.

FERREIRA, Nuno; CARDOSO, Sonia. **O Quinto Poder: O Crime Organizado, como Elemento Perturbador do Livre Desenvolvimento da Pessoa Humana e da Paz Social, e a Cooperação Luso-Brasileira**. In: Boletim da Faculdade de Direito. Vol. LXXXII (Separata), Coimbra, 2006.

FIDALGO, Sônia. **Direito Penal Europeu: Entre uma Europa e uma Europa Solidária**. In: Boletim da Faculdade de Direito. Vol. 81, Coimbra: Coimbra, 2005.

FLORE, Daniel. **La Perspective d'un Procurer Européen (The Prospect of a European Prosecutor)**. Published online. Era Forum, 2008.

_____. **Les Acteurs d'un Système de Justice Pénale Européen**. In: KERCHOVE, Gilles de; WEYEMBERGH, Anne (edição). Vers un Espace Judiciaire Pénal Européen/ Towards a European Judicial Criminal Area. Bruxelles: Editions de l'Universitè de Bruxelles, 2000.

FLORE, Daniel; BOSLY, S; BRULIN, H; CLAISSE, S.; BIOLLEY, S.de; DESCAMPS, M.H; JAMART, J.-S; e VAN RAVENSTEIN, M. **Actualites de Droit Penal Europeen**. Bruxelles: La Charte, 2003.

GODINHO, Jorge Alexandre Fernandes. **Do Crime de Branqueamento de Capitais. Introdução e Tipicidade.** Coimbra: Almedina, 2001.

GÓMES MONT, Fernando. **La Procuración de Justicia: Problemas, Retos y Perspectivas. Legislación Vigente y Poder de la Delincuencia Organizada: Necesidad de Reformas.** México: Editorial Amanuense, 1994.

GOMES, Carla Amado. **O Tratado de Lisboa. Ser ou Não Ser... Reformador (eis a questão).** Rev. Mº.Pº. n.114. Lisboa: Sindicato dos Magistrados do MP, 2008.

GOMES, Luiz Flávio; CERVINI, Raúl. **Crime Organizado - Enfoques Criminológico, Jurídico (Lei n. 9.034/95) e Político-Criminal.** São Paulo: Revista dos Tribunais, 1997.

GORJÃO-HENRIQUES, Miguel. **Direito Comunitário.** 5.ed. Coimbra: Almedina, 2008.

_____. **Tratado de Lisboa.** 2.ed. Coimbra: Almedina, 2010.

GUIA LEGISLATIVO PARA A APLICAÇÃO DA CONVENÇÃO DAS NAÇÕES UNIDAS CONTRA A CRIMINALIDADE ORGANIZADA TRANSNACIONAL. Centro para a Prevenção Internacional do Crime. Vancouver, Março de 2003.

HASSEMER, Winfried. **Três Temas de Direito Penal.** Porto Alegre: FESMP, 1993.

HERLIN-KARNELL, Ester. **Waiting for Lisbon... Constitutional Reflections on the Embryonic General Part of EU Criminal Law.** In: European Journal of Crime, Criminal Law and Criminal Justice. Vol. 17, 2009.

HÖPFEL, Frank. **Función y Límites de la Armonización en el Derecho Penal de los Estados Miembros de la CE.** In: El Derecho Penal de la Unión Europea. Situación Actual y Perspectivas de Futuro. Cuenca: Ediciones de La Universidade de Castilla- La Mancha, 2007.

KERCHOVE, Gilles de. **La Reconnaissance Mutuelle des Décisions Pré-Sentencielles en Géneral.** In: La Reconnaissance Mutuelle des Décisions Judiciaires Pénales Dans l'Union Européenne. Bruxelles: Editions de l'Université de Bruxelles, 2001.

KORTE, Heike. **Europäische Staatsanwaltschaft - quo Vadis?** Universität Bremen: In Iurratio ePaper, 2009.

LARA, António de Sousa. **A Grande Mentira – Ensaio sobre a Ideologia e o Estado.** Lisboa, 2004.

LIMA, José Antonio Farah Lopes de. **Direito Penal Europeu.** Leme/São Paulo: J.H. Mizuno, 2007.

MACHADO, Maíra Rocha. **Internacionalização do Direito Penal. A gestão de Problemas Internacionais.** 1.ed. Fundação Getúlio Vargas. Direito FGV. São Paulo: Editora 34 Ltda., 2004.

MARTÍN, Adán Nieto. **Fraudes Comunitarios (Derecho Penal Económico Europeo).** Barcelona: Praxis, 1996.

_____. **Posibilidades y Límites de la Armonización del Derecho Penal Tras Comisión V. Consejo** (comentário a la STJCE, assunto C-176/03, de 13.09.2005). In: El Derecho Penal de la Unión Europea. Situación Actual y Perspectivas de Futuro. Cuenca: Ediciones de La Universidade de Castilla- La Mancha, 2007.

MATOS, Ricardo Jorge Bragança de. **O Princípio do Reconhecimento Mútuo e o Mandado de Detenção Europeu.** In: Revista Portuguesa de Ciências Criminais, n. 03, ano 14, 2004.

MAXIMIANO, Rodrigues. **Combate à Corrupção e ao Crime Organizado Departamento Especializado do Ministério Público "Versus" Procurador Ad-Hoc**. In: A Responsabilidade Comunitária da Justiça. O Papel do Ministério Público. VII Congresso. SMMP, Alvor 1, 2, 3. 2007.

MELIÁ, Manuel Cancio. **El Injusto de los Delitos de Organización: Peligro y Significado, en Política Criminal, Estado e Democracia**. Rio de Janeiro: Lúmen Juris, 2007.

MONTE, Mário Ferreira. **Da Autonomia Constitucional do Direito Penal Nacional à Necessidade de um Direito Penal**. In: Antônio Cândido (coordenador). Estudos em Comemoração do 10º Aniversário da Licenciatura em Direito da Universidade do Minho. Coimbra: Coimbra, 2003.

_____. **Da Realização Integral do Direito Penal**. In: Boletim da Faculdade de Direito. ARS Ivdicandi. Estudos em Homenagem ao Prof. Doutor António Castanheira Neves. Vol.III, Stvdia Ivridica - 92, Coimbra: Coimbra, 2008.

_____. **O Direito Penal Europeu. De "Roma" a "Lisboa". Subsídios para a sua Legitimação**. Lisboa: Quid Juris, 2009.

MORO, Sergio Fernando. **Crime de Lavagem de Dinheiro**. São Paulo: Saraiva, 2010.

NACIONES UNIDAS, ASAMBLEA GENERAL, Distr. General, A/CONF. 169/PM.1, **Guia de Debates del Noveno Congresso de las Naciones Unidas sobre Prevención del Delito y Tratamiento del Delincuente**, Nueva York, 27 de Julio de 1993.

NEVES, Castanheira. **Branqueamento de Capitais e o Advogado**. In: Separata de Estudos e Temas Jurídicos. Ordem dos Advogados, n. 02, Separata do Boletim n. 13, Coimbra: Coimbra, 2002.

NEVES, Marcelo. **Transconstitucionalismo.** 1.ed. São Paulo: WMF Martins Fontes, 2009.

PITTA E CUNHA. **O Tratado de Lisboa. Génese, Conteúdo e Efeitos.** Lisboa. Edição do Autor, 2008.

PONCELA, Pierrette; ROTH, Robert. **Quelles Sanctions Pour Quelle Europe.** In: Archives de Politique Criminelle. n. 27, Paris: Editions A. Pedone, 2005.

OLIVARES, Quintero. **La Unificación de la Justicia Penal en Europa.** In: Revista Portuguesa de Ciência Criminal, n. 02, 1998.

RAMOS, Jorge A. Espina; CARBAJOSA, Isabel Vicente. **La Futura Fiscalía Europea.** Madrid: Imprenta Nacional del Boletín Oficial del Estado, 2009.

ROBLES, Sílvia Planet. **Políticas de Seguridad y Prevención en el Estado Español en Matéria de Delincuencia Organizada. La Seguridad en la Sociedad del Riesgo. Un Debate Abierto.** Barcelona: Atelier, 2003.

ROCHA, João Luís Moraes. **Crime Transnacional.** In: Revista Portuguesa de Ciência Criminal, ano 13, n. 01. Coimbra: Coimbra, 2003.

RODRIGUES, Anabela Miranda. **A Emergência de Um "Direito Penal Europeu". Questões Urgentes de Política Criminal.** In: Portugal e a Constituição Europeia. Estratégia, n. 18 - 19, Lisboa, 2003.

_____. **A Globalização do Direito Penal - Da Pirâmide à Rede ou entre a Unificação e a Harmonização.** In: Prof. Doutor Inocêncio Galvão Telles: 90 anos. Homenagem da Faculdade de Direito de Lisboa. Lisboa: Almedina, 2007

_____. **Criminalidade Organizada – Que Política Criminal?** In: Themis Revista de Direito. Vol. IV, n. 06. Universidade Nova de Lisboa, Lisboa, 2003.

_____. **O Equilíbrio entre a Segurança e a Liberdade**. In: II Congresso Nacional. Portugal e o Futuro da Europa. Lisboa: Fundação Calouste Gulbenkian, 2007.

_____. **O EUROJUST e a Construção Europeia – Entre a Unidade e a Diversidade.** In: RODRIGUES, Anabela Miranda. O Direito Penal Europeu Emergente. Coimbra: Coimbra, 2008.

_____. **O Mandado de Detenção Europeu – na Via da Construção de um Sistema Penal Europeu: Um Passo ou um Salto?** In: RODRIGUES, Anabela Miranda. O Direito Penal Europeu Emergente. Coimbra: Coimbra, 2008.

_____. **O Papel dos Sistemas Legais e a sua Harmonização para a Erradicação das Redes de Tráfico de Pessoas**. Separata da Revista do Ministério Público. n. 84, Lisboa, 2000.

_____. **Política Criminal - Novos Desafios, Velhos Rumos**. In: *Liber Discipulorum* para Jorge de Figueiredo Dias. Coimbra: Coimbra, 2003.

_____. **Um Sistema Sancionatório Penal para a União Europeia. Entre a Unidade e a Diversidade ou os Caminhos da Harmonização**. In: DOLCINI, Emilio; PALIERO, Carlos Enrico (a cura di). Studio in onere di Giorgio Marinucci. Milano: Giuffrè Editore, 2006.

RODRIGUES, Anabela Miranda; DA MOTA, José Luís Lopes. **Para uma Política Criminal Europeia. Quadro e Instrumentos Jurídicos da Cooperação Judiciária em Matéria Penal no Espaço da União Europeia**. Coimbra: Coimbra, 2002.

RODRIGUES, Cunha. **Os Senhores do Crime.** In: Revista Portuguesa de Ciência Criminal, ano 09, fasc. 01. Coimbra: Coimbra, 1999.

ROXIN, Claus. **I Compiti Futuri della Scienza Penalistica.** Rivista Italiana di Diritto e Procedura Penale, 2000.

SÁNCHEZ, María Acale. **Derecho Penal y Tratado de Lisboa.** In: Revista de Derecho Comunitario Europeo, n. 30, Madrid, 2008.

SANTIAGO, Rodrigo. **O Branqueamento de Capitais e outros Produtos do Crime: Contributos para o Estudo do art. 23.º do Decreto-Lei 15/93, de 22 de Janeiro e do Regime da Prevenção da Utilização do Sistema Financeiro no Branqueamento: Decreto-Lei n.º 313/93, de 15 de Setembro: 1ª parte: O Branqueamento de Capitais e outros Produtos do Crime, face ao disposto no artigo 23.º do Decreto-Lei n.º 15/93, de 22 de Janeiro.** In: Revista Portuguesa de Ciência Criminal, ano 04, fasc. 04, Lisboa, 1994.

SEIBERT, Thomas. **The European Fight Against Fraud – The Community's Competence to Enact Criminal Laws and Its Power to Approximate National Criminal Law by Directives.** In: European Journal of Crime. Criminal Law and Criminal Justice. Vol. 16, Martinus Nijhoff Publishers, 2008.

SICURELLA, Rosaria. **Il Corpus Juris e la Definizione di un Sistema di Tutela Penale dei Beni Giuridici Comunitari.** In: GRASSO, Giovanni; SICURELLA, Rosaria. **Il *Corpus Juris* 2000. Un Modello di Tutela Penale dei Beni Giuridici.** Milano, Giuffrè Editore, 2003.

SIEBER, Ulrich. **À Propos du Code Pénal Type Européen.** In: Revue de Droit Pénal et de Criminologie, ano 79, 1999.

_____ O Futuro do Direito Penal Europeu- Uma Nova Abordagem dos Objectivos e dos Modelos de um Sistema de Direito Penal Europeu. In: Mário Ferreira Monte (organizador) Que Futuro para o Direito Processual Penal? Dos Vinte Anos do Código de Processo Penal Português. Simpósio em Homenagem a Jorge de Figueiredo Dias. Coimbra: Coimbra, 2009.

SILKE NÜRNBERGER, Trier. Die Zukünftige Europäische Staatsanwaltschaft – Eine Einführung. Zeitschrift für das Juristische Studium, 2009 – Disponível em: http://www.zjs-online.com. Acessado em 10 de Maio de 2012.

SILVA, Germano Marques da. Notas sobre Branqueamento de Capitais em Especial das Vantagens Provenientes da Fraude Fiscal. In: Prof. Doutor Inocêncio Galvão Telles: 90 Anos. Homenagem da Faculdade de Direito de Lisboa. Coimbra: Almedina, 2007.

SILVA, José Geraldo da. Teoria do Crime. Vol. 01. Campinas/São Paulo: Bookseller, 1999.

SILVA-SÁNCHEZ, Jesús-María; FELIP I SABORIT, David; ROBLES PLANAS, Ricardo; PASTOR MUÑOZ, Nuria. La Ideologia de la Seguridad en la Legislación Penal Española Presente y Futura. La Seguridad en la Sociedad del Riesgo. Un Debate Abierto. Barcelona: Atelier, 2003.

SIMÕES, Euclides Dâmaso. A Importância da Cooperação Judiciária Internacional no Combate ao Branqueamento de Capitais. In: Revista Portuguesa de Ciência Criminal. Universidade de Lisboa: Lisboa, n. 16, 2006.

SOTIS, Carlo. Estado Actual y Perspectivas de Futuro en la Armonización del Derecho Penal Material. In: El Derecho Penal de la Unión Europea. Situación Actual y Perspectivas de Futuro. Cuenca: Ediciones de La Universidade de Castilla - La Mancha, 2007.

SOUSA, Alfredo José de. **A Criminalidade Transnacional na União Europeia. Um Ministério Público Europeu?** Coimbra: Almedina, 2005.

SOUSA, Constança Urbano de. **O "Novo Terceiro Pilar da União Europeia: Cooperação Policial e Judiciária em Matéria Penal"**. In: Estudos em Homenagem a Cunha Rodrigues. Vol. 01, Coimbra: Coimbra, 2001.

STORBECK, Jürgen; TOUSSAINT, Mascia. **Outline of a Balanced and Effective Internal Security Strategy for the European Union**. In: European Journal of Crime, Criminal Law and Criminal Justice. Vol. 12, Netherlands: Koninklijke Bril NV, 2004.

VALENTE, Manuel Monteiro Guedes. **Do Mandado de Detenção Europeu**. Almedina: Coimbra, 2006.

VERVAELE, J.A.E. **De Eurojust a La Fiscalia Europea en el Espacio Judicial Europeo. El inicio de un Derecho Procesal Penal Europeo?** In: RAMOS, Jorge A. Espina; CARBAJOSA, Isabel Vicente. La Futura Fiscalía Europea. Madrid: Imprenta Nacional del Boletín Oficial del Estado, 2009 – Disponível em: http://www.cej.justicia.es/cej/html/futura fiscalia europea.html. Acessado em 05 de Maio de 2012.

_____ **Il Pubblico Ministero Europeo e lo Spazio Giudiziario Europeo. Protezione Efficace degli Interessi Comunitari o Inizio di un Diritto Processuale Penal Europeo?** In: CANESTRARI, Stefano; FOFFANI, Luigi (a cura di). Il Diritto Penale nella Prospettiva Europea. Quali Politiche Criminali per quale Europa? Atti del Convegno Organizzato dall'Associazione Franco Bricola. Bologna. 28 Febbraio - 2 Marzo 2002. Milano: Giuffrè Editore, 2005.

VILAÇA, J.L. da Cruz; GORJÃO-HENRIQUES, Miguel. **Tratado de Nice**. 5.ed. Coimbra: Almedina, 2009.

VILLAREJO, Francisco Jiménez. **La Red de Fiscales de Coo-
peración Judicial Internacional. Especial Referencia a la
Instrucción N. 2/2003 de la Fiscalía General del Estado.** In:
El Derecho Penal de la Unión Europea. Situación Actual y Pers-
pectivas de Futuro. Cuenca: Ediciones de La Universidade de
Castilla - La Mancha, 2007.

VOGEL, Joachim. **Why is Harmonisation of Penal Law
Necessary? A Comment.** In: Harmonisation and Harmonising
Measures in Criminal Law. Org. André Clipbe Harmen Van Der
Wilt, Amsterdam: Royal Netherlands Academy of Arts and
Sciences, 2002.

WEYEMBERGH, Anne. **L'avenir des Mécanismes de Coopé-
ration Judiciaire Pénale entre les Etats de l'Union Européenne.** In: Vers un Espace Pénal Européen. Bruxelles: Editions de l'Université de Bruxelles, 2000.

XAVIER, Ana Isabel. Eurojust: **O Combate à Criminalidade
Transnacional tem Nome de Código.** In: Direito Penal. Casos
Práticos Resolvidos. Vol. 01. 2.ed. Lisboa: Quid Juris, 2007.

ZAPATERO, Luis Arroyo; MARTÍN, Adán Nieto. **El Fraude de
Subvenciones en la UE y en el CP.** Publicaciones del Portal
Iberoamericano de las Ciencias Penales. Instituto de Derecho
Penal Europeo e Internacional. Cuenca: Universidad de Cas-
tilla- La Mancha - Disponível em: http://portal.uclm.es/descar-
gas/idp_docs/doctrinas/el%20fraude%20de%20sub%20fi-
nal.pdf. Acessado em 12 de Maio de 2012.

APRESENTAÇÃO

O presente livro (com adaptações) resulta da dissertação de Mestrado da autora, Daiana Fagundes dos Santos Carboni*, na Faculdade de Direito da Universidade de Coimbra/Portugal com menção na área de Ciências Jurídico-Criminais, defendida em 13 de Junho de 2013.

*A autora é Bacharel em Direito pela Universidade do Vale do Rio dos Sinos – UNISINOS (em São Leopoldo-RS), Mestra em Direito, com menção na área de Ciências Jurídico-Criminais, pela Faculdade de Direito da Universidade de Coimbra/Portugal (Validação do diploma pela Universidade Federal de Minas Gerais – UFMG), Pós-Graduada em Direito do Consumo e dos Contratos pelo Instituto de Direito do Consumidor da Universidade de Coimbra/Portugal e em LLM - Direito Empresarial pela Fundação Getúlio Vargas/FGV (Unidade Porto Alegre-RS). Atualmente, é discente do Curso Geral de Doutoramento – Desafios Sociais, Incertezas e Direito -, com menção na área de Ciências Jurídico-Criminais, pela Faculdade de Direito da Universidade de Coimbra/Portugal; e pesquisadora sobre o Tráfico de Seres Humanos (Universidade de Buenos Aires (UBA) e Universidade de Coimbra/Portugal por meio de bolsa concedida pelo Banco Santander Totta de Portugal). Advogada. Contato por *e-mail:* daicarboni@yahoo.com.br

www.ingramcontent.com/pod-product-compliance
Lightning Source LLC
Chambersburg PA
CBHW052319220526
45472CB00001B/191